U0089606

古代歷史文化研究輯刊

十編

王明蓀 主編

第34冊

余英時的史學思想

路則權 著

國家圖書館出版品預行編目資料

余英時的史學思想／路則權 著 — 初版 — 新北市：花木蘭文
化出版社，2013〔民 102〕
目 2+158 面；19×26 公分
（古代歷史文化研究輯刊 十編；第 34 冊）
ISBN：978-986-322-363-4（精裝）
1. 余英時　2. 學術思想　3. 史學
618　　　　　　　　　　　　　　　　　102014508

ISBN-978-986-322-363-4

9 789863 223634

古代歷史文化研究輯刊
十　編　第三四冊　　　　　　　　ISBN：978-986-322-363-4

余英時的史學思想

作　　者 路則權
主　　編 王明蓀
總 編 輯 杜潔祥
出　　版 花木蘭文化出版社
發 行 所 花木蘭文化出版社
發 行 人 高小娟
聯絡地址 235 新北市中和區中安街七二號十三樓
　　　　　電話：02-2923-1455／傳真：02-2923-1452
網　　址 http://www.huamulan.tw 信箱 sut81518@gmail.com
印　　刷 普羅文化出版廣告事業
初　　版 2013 年 9 月
定　　價 十編 35 冊（精裝）新台幣 62,000 元
版權所有‧請勿翻印

余英時的史學思想

路則權　著

作者簡介

路則權，山東汶上人，中國孔子研究院助理研究員，歷史學博士。主要從事儒學及傳統文化、海外中國學的研究。近年來在《史學月刊》、《孔子研究》《中華文化論壇》、《求是學刊》、《中國社會科學報》、《中國圖書評論》、《華夏文化》等刊物發表論文二十餘篇。主持研究生創新項目兩項，目前參與 2012 年國家社科基金專案「多維視角下傳統史學與現代新史學關係研究」，孔子研究院與奧地利孔子學院合作的《孔子這樣說》，主持民政部《中國殯葬史》子課題《中國殯葬史· 秦漢卷》。

提　　要

余英時（1930），當代美籍華裔史學家。代表作有《漢代貿易與擴張》、《方以智晚節考 》、《論戴震與章學誠》、《歷史與思想》、《士與中國文化》、《朱熹的歷史世界》等。

余英時的史學思想的形成與現代中國社會有密切的聯繫，同時也受西方文化的影響。其「中國情懷」是他史學思想的立足點。余英時通過對漢代經濟史、思想史、清代思想史及宋代政治文化史的研究，形成了獨具特色的史學思想。

歷史觀上，余英時堅持人文主義多元進化史觀，這是他的史學思想的核心。他所主張的歷史人文性決定了其進化觀的獨特性。他否認歷史有規律或通則。與此相一致 ,在歷史發展動力上，他堅持多因論，反對決定論。他一方面承認思想文化、經濟、政治、地理等因素在歷史發展中各起作用，另一方面又對思想文化的重要性有更多的論述。在歷史與現實關係上，他贊同由現實而研究歷史，研究歷史反過來關照現實的，但同時又認為兩者是不同的，應當有一定的距離。

余英時認為史學是人文科學。他認為史學有兩個層次：哲學層次和史學層次。在主體和客體關係問題上，他堅持主客統一論，希望能化解兩者的矛盾。他主張運用「同情的瞭解」來達到主客的統一。

余英時在史學方法上主張「史學有法但無定法」，針對不同的歷史研究物件，選擇不同的研究方法。在具體的史學實踐中，他主要運用比較方法、內在理路、心理分析、想像、典範等方法。其中，中西比較是余英時治史的基本立足點。

余英時的史學思想有理想化的傾向。他的人文主義史學觀帶有「唯人文主義的」的傾向，但其魅力在於多元性、豐富性和啟發性，認真總結和反思他的史學思想將有益於中國當代史學的發展。

目次

前 言 …………………………………………………… 1

第一章　余英時的「中國情懷」 ……………………… 9
　　第一節　「傳統文化」的內在參與 ………………… 9
　　第二節　「儒學情結」的師承傳遞 ………………… 11
　　第三節　「中國情懷」的域外發展 ………………… 12

第二章　余英時的學術交友 …………………………… 15
　　第一節　余英時和早期留美學人 ………………… 15
　　第二節　余英時和同輩學人 ……………………… 18
　　第三節　余英時和弟子們 ………………………… 22

第三章　余英時的歷史理論 …………………………… 25
　　第一節　人文主義多元史觀 ……………………… 25
　　第二節　歷史發展多因論 ………………………… 30
　　第三節　歷史與現實關係的互動 ………………… 39

第四章　余英時的史學理論 …………………………… 43
　　第一節　史學中的主客統一論 …………………… 43
　　第二節　「通古今之變」的史學目的論 …………… 49
　　第三節　史學與哲學、社會科學的關係 ………… 51
　　第四節　中國史學的幾點認識 …………………… 54

第五章　余英時的史學方法論 ………………………… 59
　　第一節　「史無定法」的史學方法論 ……………… 59
　　第二節　西方方法學在中國史學中的運用 ……… 64
　　第三節　比較方法的運用 ………………………… 67
　　第四節　內在理路和互動研究 …………………… 72
　　第五節　典範 ……………………………………… 75
　　第六節　想像和理想型 …………………………… 77
　　第七節　心理分析和重演論 ……………………… 80

第六章　余英時學術著述論略 ………………………… 87
　　第一節　漢代思想史 ……………………………… 87
　　第二節　漢代經濟社會史 ………………………… 90
　　第三節　清代思想轉型 …………………………… 95
　　第四節　宋代政治文化史 ………………………… 99

結 語 ……………………………………………………… 115

附錄一：余英時的儒家人文主義歷史觀及其理論
　　　　價值與困境 …………………………………… 125

附錄二：美國華裔學者儒家思想史解釋論析 ……… 143

前　言

　　史學思想〔註1〕是史學理論及史學史研究的重要內容之一，史學思想的認識主體主要是史家，中國古代、近代史家及外國一些史家的史學思想研究成爲我們關注的重點。而現當代史家中，尤其是現當代港臺及海外華裔史家的史學思想長期以來並未引起我們應有的關注。近年來，港臺及海外華裔史家的著作漸漸進入我們的視野，爲我們研究提供了方便。余英時就是其中比較傑出一位研究中國史的學者。

　　余英時（1930～），安徽潛山人，當代著名美籍華裔史學家，其史學代表

〔註1〕　史學思想（史學理論）的範疇和內容至今學術界仍有分歧。《史學理論研究》和《史學史研究》有關專欄對此界定也並不明確。（參見 2007 年 1～3 期《史學理論研究》專欄「馬克思主義史學思想」和「馬克思主義歷史思想」和 2007年 1～3 期《史學史研究》專欄「歷史理論」）總的來看，史學思想有狹義和廣義之分。從狹義上看，陳啓能、瞿林東、何兆武爲代表，即將歷史思想（歷史理論）和史學思想（史學理論）作必要的區分。三位先生中，陳爲首倡，瞿的論述更爲細密，何則關注西方。（參見瞿林東《中國史學的理論遺產》，北京師範大學出版社，2005 年。）此外，林同濟在《人文尋求錄——當代中美著名學者思想辨析》（新星出版社，2006 年）中對史華慈、柯文史學思想的分析則傾向於狹義的史學思想，這與他西方史學理論背景有關。從廣義上看，吳懷祺爲代表，主張將歷史思想（歷史理論）和史學思想（史學理論）統稱爲史學思想。（參見《中國史學思想通史　宋遼金元卷》黃山書社，2002 年。）同時就筆者所見，二十世紀初李大釗在北京大學講授的《史學思想史》，1994年召開的白壽彝史學思想研討會，何兆武、陳啓能主編的《當代西方史學理論》一書，2001 年瞿林東對周少川的《元代史學思想研究》一書的書評，徐國利的《錢穆史學思想研究》（臺灣商務印書館，2004 年）也都取此義。筆者所論史家余英時也持類似的看法。鑒於此，筆者在總體上仍取廣義的內容，但論述上又做了必要的區分。

作有：《東漢生死觀》、《漢代貿易與擴張》、《方以智晚節考》、《論戴震與章學誠》、《歷史與思想》、《十字路口的中國史學》、《士與中國文化》、《朱熹的歷史世界》等，余英時的學術思想不局限於史學，但史學是他治學的出發點和立足點。

余英時早年生活在中國傳統社會向現代社會轉型時期，經歷了大陸、香港和美國三種不同的文化氛圍，這種特殊的生活環境是他史學思想形成的外部原因。他始終立足於中國史學，用中西比較的視野，致力於中國傳統文化（儒家為主）向現代的轉變，這是他史學思想的內在體現。

從余英時的學術活動及其弟子分佈可知，他史學思想的影響主要是在港臺地區。〔註2〕在美國中國史研究學界，與其他學者相比，也為進入主流。〔註3〕近年來余英時的史學和學術漸漸為美國學界認可，2006年的獲得克魯格獎就是證明。余英時史學與大陸史學界以馬克思主義歷史觀為理論的史學不合拍，也影響到大陸學界對余英時史學思想的認識。我們就目前所能看到的有關研究余英時史學思想的著作和文章概述如下（主要是大陸）。

（一）總體認識

景戎華對余英時評析現代史學做了介紹和反思。〔註4〕張鳳江對余英時從事史學研究的淵源，史學主客觀問題，史學與時代的關係以及余英時史學的轉向等問題略做敘述。〔註5〕孫勇才在文章中借用幾位當代學者的話來評價余英時，如錢鍾書認為余英時是「海外獨步」，李澤厚指出：「余英時被公認為

〔註2〕 參見周質平、willard peterson 編：《國史浮海開新錄——余英時教授榮退論文集》，臺北：聯經出版公司，2002年。

〔註3〕 侯且岸在《當代中國的「顯學」美國中國學研究》儘管提到了余英時的名字，卻歸為美國派出來華的一類，將其師楊聯陞歸為中國新一代學者，顯然不妥。（人民出版社，1995年，第34～35頁。）王晴佳的《美國的中國學評述》（《歷史研究》，1993年3期。）陳君靜的《大洋彼岸的回聲——美國中國史研究歷史考察》（中國社會科學出版社，2003年）王建平、曾華的《美國戰後中國學》（東北大學出版社，2003年。）王榮華主編的《多元視野下的中國——首屆世界中國學論壇》（學林出版社，2006年。）胡志宏的《西方中國史論研究導論》（大象出版社，2004年4月。）、何培忠主編的《當代國外中國學研究》（商務印書館，2006年12月。）在提到華裔學者中，如，何炳棣、張仲禮、蕭公權、瞿同祖、許倬雲、張光直、劉子健、陳啟雲、黃仁宇、黃宗智等人，均看不到余英時的思想。

〔註4〕 景戎華：《現代史學的反省與展望——余英時先生〈史學與傳統〉讀後》，《學習與探索》，1998年第5期。

〔註5〕 張鳳江：《記儒學家余英時先生》，《江淮文史》，1996年第2期。

中學功底相當好，遠超過其他人。」許倬雲讚揚：「他的巨著《朱熹的歷史世界》是五十年來最偉大的歷史著作。」孫勇才認爲余英時學術思想是今天中國人擺脫西方中心取向重新出發的動力和典範。〔註6〕俞吾金認爲余英時等人爲第三代新儒家的代表人物。「他們大多在歐美長大，深受西方文化的薰陶，對西方文化（包括宗教、倫理、社會心理）有比較系統的研究，大多數人都在歐美學府拿到博士學位。與第一代、第二代相比，他們的西學功底更爲紮實，能以更客觀公正的態度去研究中國文化傳統。」〔註7〕羅志田在給歷史系學生開書目時認爲：「與我們表述相類的當世學者中，三聯書店正在推出的六本余英時先生論著，甚可一讀。」〔註8〕王錦民在《中國哲學史研究》一書對余英時認爲胡適有化約論傾向的觀點提出批評。劉墨對余英時的清代學術史研究做了述評。〔註9〕田願靜激的《余英時的明清學術史研究——以〈方以智晚節考〉、〈論戴震和章學誠〉爲例》對余英時的學術發展的內在軌跡做了分析。〔註10〕王爾敏在《史學方法》中對余英時的史學、史家、歷史解釋、想像，歷史功用，對蘭克的評價等均有論述，對余英時的觀點表示贊同。並且他在《二十世紀非主流史學與史家》把余英時歸爲新亞學派，即傳統史學派。

（二）《朱熹的歷史世界》所體現的思想與方法

　　美國的包弼德從史學方法角度評析了《朱熹的歷史世界》·書。〔註11〕陳來認爲「錢著的注意力仍在朱學的學術，思想世界，余著的關注則在朱子的政治，歷史的世界，這一區別是耐人尋味的。」〔註12〕田浩從史學方法角度指出余英時在北美漢學界越來越佔據主導地位的以社會史方法研究宋代知識分子的門徑之外，另開了一條路。田浩還就余英時討論「國是」所受的時代影響作了說明：人們也許可以說，余先生對此歷史專題的關注，或有感

〔註6〕　孫勇才：《余英時與中國現代學術典範之構建》，《河北學刊》2005 年第 2 期。
〔註7〕　薛曉源：《前沿問題前沿思考——當代西方學術前沿問題追蹤與探詢》，華東師範大學出版社，2005 年，第 298 頁。
〔註8〕　羅志田：《昨天的與世界的：從文化到人物》，北京大學出版社，2007 年，第 154 頁。原刊《南方周末》，2004 年 7 月 1 日。
〔註9〕　劉墨：《余英時及其清代學術史研究》，《中國圖書評論》，2004 年 11 期。
〔註10〕田願靜激：華東師範大學 2006 屆研究生碩士學位論文。
〔註11〕（美）包弼德：《對余英時宋代道學研究方法的一點反思》，《世界哲學》，2004 年第 4 期。
〔註12〕陳來：《從「思想世界」到「歷史世界」——余英時，〈朱熹的歷史世界〉述評》，《二十一世紀》，2003 年 10 月。

於他對 9/11 之後美國政治與媒體精英利用「國家安全」的議題，大做文章的
觀察，當然這無損於他的鮮活洞察與歷史文獻的厚實。田浩進一步指出儘管
余英時重複地反對朱熹研究中忽視黨爭和政治文化的傾向，但他仍偶爾會表
現出受這一傾向的影響，這尤其可見他對道學的概括以及對理學一詞的偏
愛。〔註 13〕葛兆光贊同余英時「將思想放回歷史語境，重新建立思想的背景」
這一方法，同時認爲無論余英時還是批評者，都犯了二元論的傾向，即一定
要將內聖外王分開。〔註 14〕2004 年 11 月，北京大學中古史研究中心和三聯
編輯部在北大中古史研究中心舉行學術沙龍，對余英時的《朱熹的歷史世界》
進行討論。田浩對余英時的學術轉型進行了說明；閻步克認爲余英時致力於
思想與歷史的交界面做研究，揭示了中國古代政治文化中的微妙關係，無論
是方法論還是具體史實考訂方面，都給我們帶來了很多新知⋯⋯余英時能以
貫通的眼光，用一種延續性，波動性，周期性的思考審視中國歷史，是一種
有意思的嘗試。陳蘇鎮就政治文化做了說明，並認爲在余英時研究基礎上還
有很多工作可以做。葛兆光對余英時的想像力很是佩服。李華瑞就余英時與
漆俠對宋學的研究進行了比較。黃寬重認爲余英時的著作給我們帶來一個觀
察南宋歷史變動的新視角，可以在余英時的基礎上繼續挖掘。鄧小南認爲表
面上看余英時似乎很少借鑒已有成果，但與讀者及當今對話無處不在，余英
時提出了很多有價值的問題，開啓了一些新的對話領域。此外，張國剛認爲
《朱熹的歷史世界》討論道學的歷史學取徑方式，爲中國思想史研究展示了
一種新思路，將照見當前中國思想史的局限和誤區，給人們留下了許多啓示
與思考。〔註 15〕何俊認爲以往余英時一直追求實證與解釋並重的方法，在這
本書中得到嫻熟綜合的運用，甚至啓用了心理史學的方法。並認爲余英時繼
承錢穆最重要的地方是：「從史學立場，多方面探究中國文化的具體表現，
部分中見整體，繁多中見統一，變中見常。」〔註 16〕李存山認爲余英時「政

〔註 13〕田浩：《評余英時的朱熹的歷史世界》，《世界哲學》，2004 年 4 期。

〔註 14〕葛兆光：《拆了門檻便無內外：政治、思想與社會史之間——讀余英時先生〈朱熹的歷史世界〉及相關評論》，臺灣《當代》2004 年第 2 期。（參見葛兆光：《古代中國的歷史、思想與宗教》，北京師範大學出版社，2006 年，第 152～165 頁。）

〔註 15〕張國剛：《道學起源的歷史視野——讀余英時〈朱熹的歷史世界——宋代士大夫政治文化研究〉》，《博覽群書》，2005 年 1 期。

〔註 16〕何俊：《推陳出新與守先待後——從朱熹研究論余英時的儒學觀》，《學術月刊》，2006 年 7 期。

治史與文化史交互為用」的方法，在大陸學界當會被多數學者所贊同，哲學史家當也不會反對講明「思想世界」與「歷史世界」的聯繫。李存山從這一治學方法入手論證了余英時對王夫之的「陋宋」之說的疏釋有些勉強。〔註17〕余英時後來在給《中國思想史研究通訊》寫信時對李文表示讚賞。

（三）其他史學方法

　　上述《朱熹的歷史世界》書評涉及到了余英時晚年史學方法，此外還有論及其他方面的方法。應奇認為余英時基於一貫力倡的「內在理路說」，認為外緣的解釋並不充分，反而會障蔽了思想史的內在生命。〔註18〕汪榮祖在《史學九章》一書中批評余英時的內在理路將道問學與尊德性一分為二了，並對余英時中西比較方法提出不同意見。〔註19〕杜維運在《史學方法論》贊同余英時的中西比較比較方法。黃樸民認為：余英時等海外學者的論著引起較大反響，不僅僅是因為他的觀點、結論新，更是由於其研究方法新穎，獨到。同時黃樸民認為，我們既應吸收，又要保持主體意識與本土特點。〔註20〕劉後濱引用臺灣學者葉毅均的觀點指出，余英時注重社會史與思想史的互動研究，是美國中國史研究呈現出「新文化史」的研究方向。〔註21〕李劍鳴認同余英時對史學方法的解釋，但同時指出余英時並沒有提到史學所特有的方法。〔註22〕朱學勤對余英時有關中國激進主義觀點商榷時指出：余英時在治史方法上陷入了類似黑格爾式的歷史本質主義之中。〔註23〕魏斐德（美）認為對明清思想之間的連續性給予重視，是艾爾曼和余英時方法上的特點。〔註24〕陳平原贊同余英時用轉型或範式方式研究胡適在學術史上的地位，但應輔以王國維、梁啓超的思路。〔註25〕張汝倫在《現代中國思想研究》一書認為余英

〔註17〕李存山：《宋學與宋論——兼評余英時著〈朱熹的歷史世界〉》，《中國社會科學文摘》，2006 年。

〔註18〕應奇：《尋求儒家知識論的源頭活水——余英時清代思想史新解釋評議》，《社會科學》，1994 年 2 期。

〔註19〕汪榮祖：《史學九章》，三聯書店，2006 年，第 156 頁，第 232 頁。

〔註20〕劉大椿主編：《中國人文社會科學發展研究報告 2006 社會和諧與人文關懷》，中國人民大學出版社，2006 年，第 241～242 頁。

〔註21〕劉大椿主編：《中國人文社會科學發展研究報告～2004 問題意識和超越情懷》，中國人民大學出版社，2004 年，第 231～232 頁。

〔註22〕李劍鳴：《歷史學家的修養和技藝》導言，上海三聯書店，2007 年。

〔註23〕朱學勤：《書齋裏的革命》，雲南人民出版社，2006 年，第 108 頁。

〔註24〕劉東主編：《中國學術》（總 11 輯），2002 年，商務印書館，第 6～7 頁。

〔註25〕陳平原：《中國現代學術之建立——以章太炎、胡適為中心》，北京大學出版

時在清代思想史研究方法上有以今度古的詮釋。對「內在思路」方法張認爲余英時提出的有價值，但他認爲余英時並未全完堅持這一思路。另外，張汝倫在《激情的思想》一書中對就意識形態和學術的關係問題對余英時提出商榷意見。唐德剛《書緣與人緣》一書中認爲余英時治學方法與胡適派有很大距離。韋政通贊同余英時在思想史上運用的「內在理路」方法，但對余英時提出的有關歷史解釋的論述，韋政通認爲思想史寫作的目的，不能僅止於尋求史實，這兩種解釋不應完全對立。〔註26〕羅炳良認爲余英時等學者運用西方心理史學方法研究章學誠存在局限。〔註27〕王守雪認爲於余英時在清代學術思想史的解釋中有二元論的傾向，其「內在理路」離開了歷史的眞實，是行不通的。〔註28〕劉俐娜認爲：海外學者余英時則較早從學術轉型的角度肯定了胡適對中國學術發展的重要作用……他的研究也爲我們打開了研究史學轉型的新視角，提供了新思路。〔註29〕張以明認爲余英時實踐邏輯的路徑比韋伯的思辨的路徑更爲恰當。〔註30〕陳明對余英時研究中國古代大傳統與小傳統的互動持肯定態度。〔註31〕但史華慈在《古代中國的思想世界》一書中討論高層文化與民間文化與余英時觀點不同。

　　總體來看，研究和介紹文章雖然很多，然而基本上還是停留在一些余英時著作、觀點、某個研究方法、史料運用上，這些研究雖然深化了我們對余英時史學思想的認識，但往往是「只見樹木不見森林」。筆者認爲，如果從綜合角度全面審視和觀察余英時史學思想，可以深化對余英時史學的認識，可以更客觀公允的評價他的學術思想、觀點和方法。由上可知，全面梳理和認識余英時的史學思想既有學術價值，又有社會現實意義。

　　本文堅持歷史與邏輯相一致的原則，並與現當代其他史家的論述做比

社，1998年，第2頁。
〔註26〕韋政通：《韋政通自選集》，山東教育出版社，2005年，第102～103頁。
〔註27〕羅炳良：《恰當借鑒西方心理分析方法研究中國史學——對國內外關於章學誠研究心理分析方法的考察與評價》，《江海學刊》，2007年2期（又見「走向世界的中國史學」國際學術研討會綜述，《史學理論研究》2007年。）
〔註28〕王守雪：《儒學的自律演進與多向度發展——論徐復觀、余英時「漢學之爭」》，《人文雜誌》，2006年3期。
〔註29〕劉俐娜：《由傳統走向現代——論中國史學的轉型》，社會科學文獻出版社，2006年，第5～6頁。
〔註30〕張以明：《思辨的邏輯與實踐的邏輯——韋伯和余英時經濟倫理研究的不同理路》，《學習與探索》，2006年4期。
〔註31〕陳明：《儒學的歷史文化功能》，社會科學出版社，2005年，第4頁。

較，分析余英時史學思想給我們的啓發，當然，任何史家都具有自身的局限性，余英時長期居住海外，其局限性是不可避免的。同樣，分析其史學思想的局限性對我們也有啓發意義。

第一章　余英時的「中國情懷」

余英時是海外中國思想史研究的名家。他治學自史學起，後達至中西、古今貫通，著述等身，其學術思想和研究方法爲中外史學界提供了不可多得的重要參照。對於余英時是不是現代新儒家，儘管說法各異，但有一點是肯定的，就是他具有濃厚的「中國情懷」。是什麼因素促使他具有如此關懷？我們認爲導致這一思想趨向的原因是多方面的。他早年「鄉居九年」對儒家文化的內在參與，師從錢穆、任職新亞書院對儒家文化的學習和認同，居於美國所導致的中國情結的強化等諸多因素是他「中國情懷」形成的重要原因。充分認識余英時「中國情懷」的形成對於我們理解他的學術思想亦有著重要意義。

第一節　「傳統文化」的內在參與

余英時，原籍安徽潛山，1930 年 1 月生於天津，幼年曾先後在北平、開封、南京、安慶等地居住，但時間都不長，記憶也很零碎。1937 年抗日戰爭爆發，余英時「從安慶逃難到故鄉潛山縣官莊鄉」。九年的鄉居生活，對他的個人生命和學術生命產生了重要影響。對此，余英時多次提及。在《「天地君親師」的起源》一文中他寫到「1937 年抗日戰爭爆發之後，我隨伯父一家從安慶移居祖籍潛山縣的官莊鄉，一直到九年以後（1946 年夏天）我才重回到城市，這九年的鄉居在我個人生命史上是一個很重要的階段，我……在前現代的社會和文化中度過童年和少年時代，親身體認到中國傳統的內在意義……這種直接從生活體驗中得來的知識，決不是任何書本上可以獲得的。

如果我今天對中國傳統的價值觀念還有一點真切的瞭解，那便是受了這九年鄉居生活之賜」。〔註1〕在《現代儒學論》自序中他寫到：「1937～1946年，我在安徽潛山縣鄉居凡九年……儒家文化……仍支配著日常的社會生活……對我個人而言，傳統儒家文化並不僅僅是一個客觀研究的對象，用人類學的套語說，我曾是這一文化的內在參與者。」

余英時「鄉居九年」從書本上獲得的知識是有限的。他回憶說：「從民國二十六到三十五年，完全是一個鄉下孩子，從未接觸到現代的知識和思想。」「只在私塾臨時中學等處斷斷續續上過兩三年的學」，但「讀書知識大概主要從看舊章回小說中得來」。抗日戰爭的末期，在桐城縣住過一年，受「斗方名士」的影響，對於舊詩文發生了進一步的興趣」。在余英時看來，九年鄉居生活雖沒有學校可讀，卻因此讀了一本更珍貴的無字社會書。他說：「在鄉下過日子與在大城市念書不同」，「就像波蘭社會人類學家馬林諾夫斯基跑到一個島上，才發現手中的材料都不可靠，因為書齋裏想像出來的社會，跟任何一個真實社會比較，都有很大的距離」。官莊常年保持原來的狀態，是中國傳統農村的代表。鄉村的家庭組織，人際關係的穩定，使成長中的余英時深刻體會到了中國的人情世故。他自己認為：「中國農村其實是充滿了人情味的」而不是「禮教」在「吃人」。〔註2〕就筆者青少年時代在農村生活的體驗，儘管已經是二十世紀七八十年代，的確也有此同感。

從余英時鄉居生活的感受，不難證實中國傳統社會的生活經歷對他的「中國情懷」產生深刻影響。從社會學和心理學觀點看，「內在參與」、「早期影響」是十分重要的。余英時關注中國歷史和文化，力圖從歷史角度揭示中國文化的獨特性，這一根本關懷的起點，應當追溯到「鄉居九年」的生活。如果進一步考察明清以來潛山、桐城的鄉村風俗，筆者相信還會有與余英時的學術思想有「暗合」之處。潛山特有的二次葬俗與《東漢生死觀》的內容，天柱山的李白，蘇軾、王安石儒學人物詩文和佛、道教的古蹟，在余英時寫《方以智晚節考》、《朱熹的歷史世界》等史學名著時會或明或暗的顯現。筆者在此無意比附，只是早年的生命歷程會在人生不同的時期有所反響。筆者以為，沒有「鄉居九年」的生活，余英時的「中國情懷」會有很大不同。

〔註1〕 余英時：《現代儒學的回顧與展望》，北京三聯書店出版社，2004年，第126頁。
〔註2〕 余英時：《現代危機與思想人物》，生活‧讀書‧新知三聯書店，2005年，第73頁。

　　抗戰勝利後，余英時開始喜歡文學，主要是小說，如《羅通掃北》、《隋唐演義》、《三國演義》、《水滸傳》等。對於《紅樓夢》，他嫌情感世界太複雜。對於新文學，他也沒有太多的感覺。起初只知道有一個胡適，那不是因為胡適的名氣，而是因為胡適給他的父親寫過一幅字掛在家裏。後來余英時去了北平。北平對他的學術思想的形成最重要。儘管他受到「五四」思想的影響，但在他看來，梁啓超給他的影響最深，胡適次之，魯迅幾乎沒有發生任何刺激。從梁啓超那裏他得到一種啓示：必須去真正理解中國歷史，特別是學術思想史，這種理解和為理解而從事的研究，必須是超越現實效用的。我們決不能為了任何眼前的利害而曲解歷史。這一為知識而知識的精神在胡適那裏得到進一步加強。胡適對西方文化的認識在梁啓超之上，余英時認為：要真正理解中國的傳統，必須同時要對西方傳統和現代世界有深入的體認。〔註3〕他的這種認識，始終貫穿於其學術著作之中，這也是其學術思想的特色之一。

　　對於北平，余英時有著特殊的感情，1947～1948 年，他在北平居住時，他最喜歡的事就是常去琉璃廠、中央市場書店，一去就是一天。他認為，自己對歷史、思想之類的知識發生追求的興趣，大概也是 1947 至 1948 年。筆者在此指出這一時期對余英時的學術思想的重要性同時，也是為了論證，這一時期也是他「鄉居時代」的一種文化認同和延續。

第二節　「儒學情結」的師承傳遞

　　1950 年春，在北京燕京大學歷史系讀書的余英時到香港探親，他的父親余協中留他在香港，跟錢穆學習，當時錢穆剛剛創辦了新亞書院。知遇錢穆，是余英時學術生命中的重要事件。余英時的《猶記風吹水上鱗》一文詳細回憶了他早年在香港跟隨錢穆學習、生活的經歷，可謂感人至深。余英時在得知錢穆去世的消息，「悲痛之餘，心潮洶湧」，並立即打電話到錢府。余英時指出：「最近十幾年，我大概每年都有機會去臺北一兩次，多數是專程，但有時是路過，每次到臺北，無論行程怎麼匆促，錢先生是我一定要去拜謁的。這並不是出於世俗的禮貌，而是為一種特殊的情感所驅使。我們師生之間的情感是特別的，因為它是在患難中建立起來的；四十年來，這種情感已很難再用『師生』兩個字說明它的內容了。」〔註4〕對於余英時而言，錢穆具有生

<hr>

〔註3〕　余英時：《現代危機與思想人物》，三聯書店，2005 年，第 72～73 頁。
〔註4〕　余英時：《現代危機與思想人物》，三聯書店，2005 年，第 494 頁。

命塑造者的作用。他說：「因爲這幾年是我個人生命史上的關鍵時刻之一。我可以說，如果我沒有遇到錢先生，我以後四十年的生命必然是另外一個樣子。」這就是說：「這五年中，錢先生的生命進入了我的生命，而且發生了塑造的絕大作用。」以致余英時「在美國教學和研究已三十年，錢先生的著作當然是和我的工作分不開的」。〔註5〕錢穆早年的學生嚴耕望認爲：「先生的學問從子學出發，研究重心是學術思想史，先生門人長於學術思想史，各有貢獻甚多，余英時顯最傑出」。〔註6〕田浩也認爲：「我從他們師生兩個人身上辨認出了一些相似之處，他們均以考證和歷史分析著稱，最終都將注意力轉向了大規模的朱熹研究。」〔註7〕

　　1952 年夏初，余英時成爲新亞書院第一屆畢業生三人之一。1953 年在錢穆創辦的研究所讀研究生。1955 年春天，哈佛燕京學社接受了新亞書院的推薦，讓余氏到哈佛大學訪問一年。由於沒有護照，直到 1955 年 10 月以「無國籍之人」的身份到達哈佛大學，師從楊聯陞，開始了學術生命的又一轉折。

　　對於錢穆及其新亞書院，余英時還有一段經歷。1973～1975 年，余英時回港任新亞書院校長兼中文大學副校長，這一時期對他人生和學術也有很大的影響。余英時在 1975 年 7 月離港去歐洲旅遊後返美，這一時期的心境感受，他在《論戴震與章學誠》自序中曾有流露：「現在回想起來，我當時每晚撰寫此稿其實並無意要從事什麼嚴肅的著述工作，我不過是借文字工作來忘掉白天行政雜務的煩惱，以保持內心的寧靜而已。過去這一年也需要算是我平生最多紛擾的一段歲月，而此稿的撰述適與之相終始。」這段文字寫於 1975 年 9 月 22 日，是對剛剛過去的歲月的最眞實的流露。這一段經歷對余英時的「儒學情結」有著轉折性的影響。

第三節　「中國情懷」的域外發展

　　余英時到了美國之後，「中國情懷」則更顯突出。所謂「中國情懷」，是指一種對中國文化的懷念情結，海外華裔學者對此感觸頗深。余英時曾這樣表達：「像我這樣早年受中國文化陶冶的人，是不可能完全忘情於中國的。」

〔註5〕　余英時：《現代危機與思想人物》，三聯書店，2005 年，第 502 頁。
〔註6〕　嚴耕望：《怎樣學歷史──嚴耕望先生的治史三書》，遼寧教育出版社，2006
　　　　年，第 310 頁。
〔註7〕　田浩：《評余英時的朱熹的歷史世界》，《世界哲學》，2004 年，第 4 期。

〔註8〕他還專門寫了《嘗僑居是山，不忍見耳——談我的「中國情懷」》一文。此外，二戰後美國中國學的發展成爲余英時「中國情懷」的外在因素之一。其中，費正清及其領導下的哈佛東亞研究中心在這一發展功不可沒，費正清等人也意識到，不能因爲重視現當代中國而忽略傳統中國的研究。

在美國定居以來，余英時的「中國情懷」在學術研究上取得了一系列的成就。1955 年，余英時去美國哈佛大學留學。後繼續跟楊聯陞攻讀博士學位，1961 年獲歷史學之哲學博士學位，留美任教。1962 年博士論文《東漢生死觀》發表。1978 年，余英時作爲美國對華學術交流會「漢代研究代表團」團長率團訪問了中國，並於 1981 年發表了《十字路口的中國史學》，除了這次訪問的報告還收錄了《中國史學的現階段：反省與展望》，更加關注現代史學。在這次訪問期間，余英時表現出了對理學的興趣，在與任繼愈交談時，他認爲：「理學的傳統在思考的範疇方面，而不是思考的內容上，其學術力量遠沒有喪失。」他希望中國學者能更嚴肅地對待理學，而不是僅僅在政治上指責它。〔註9〕田浩認爲余英時在 20 世紀 80 年代以後才對朱熹的理學發生了興趣，事實上余英時要比這更早就對理學產生了興趣，才有了後來的力作《朱熹的歷史世界》。

余英時是「帶著尋找文化特色的問題進入中國史的研究領域」，他自己認爲其專業是「19 世紀以前的中國史」。〔註10〕就已發表的論文看，大致上起春秋戰國，下迄清代中期；所涉及的方面也很廣，包括社會史、文化史、思想史、政治史、中外關係史（漢代）等。田浩指出余英時「最主要的研究領域是漢代，對明清之際思想史也很關注；80 年代以後關注宋史」。余英時還有許多涉及 19、20 世紀的文化與思想著作，這些仍然是關於中國傳統研究的一種延伸。如果從歷史觀點看，余英時的早年史學興趣主要是社會經濟和中外交通史、思想史，且主要是漢代，如 1962 年的《東漢生死觀》，1967 年的《漢代貿易與擴張》；70 年代主要關注明清思想史，如《方以智晚節考》、《論戴震與章學城》、《歷史與思想》等；70 年代末尤其是 80 年代後更加關注中國現代史學，近現代思想史和儒學史的研究，如《十字路口的中國史學》、《朱熹的歷史世界》等。余英時曾經對自己的史學和學術進行過這樣的總結：「中國文

〔註8〕　余英時：《文化評論與中國情懷》（上），廣西師範大學出版社，2006 年，第 1～2 頁。
〔註9〕　余英時：《十字路口的中國史學》，上海古籍出版社，2004 年，第 8～9 頁。
〔註10〕　《余英時文集》，三聯書店六卷本總序。

化必須按其自身的邏輯並同時從比較的角度來加以理解」,「在我對從古代到 20 世紀的中國思想史、社會史和文化史的研究中,我總是將焦點放在歷史階段的轉變時期」。〔註11〕

　　通過以上分析,我們可以看出,從余英時「中國情懷」發展的空間轉變看,大致有這樣幾個時期構成:官莊鄉居——北平時期——香港轉折——留學美國——回港任職——返美任教。從「中國情懷」的學術領域看,大體由漢代社會經濟與中外交通史,思想史——明清思想史——現代史學和宋代政治文化史。貫穿始終的是,研究中國古代傳統文化始終以其現代發展為旨趣。因此,只有全面認識余英時「中國情懷」的成因,才能更深入地認識和分析其史學思想。

〔註11〕余英時:《人文與理性的中國》,上海古籍出版社,2007 年,第 420 頁。

第二章　余英時的學術交友

第一節　余英時和早期留美學人

　　余英時在美國第二代華裔史家中是較爲傑出的。1958 年 1 月 6 日，余英時的父親余協中在美國拜訪胡適，就提及當時作爲學生的余英時在哈佛就備受關注。胡適回答說：「凡在歷史上有學術貢獻的人，都是有兔子的天才，加上烏龜的功力。……單靠天才，是不夠的。」〔註1〕余英時的導師楊聯陞與胡適淵源較深，前文已經論述。從今天的眼光看胡適的話，應該說，余英時的確沒有辜負父輩們的期望。更讓胡適九泉之下欣慰的是，余英時在胡適研究上也取得重要成就，並在 1991 年至 1992 年任美國康乃爾大學第一任胡適講座訪問教授。在整體精神方面，甚至有人提出「在沒有胡適的時代讀余英時」。〔註2〕前文我們也已經論述了錢穆對余英時的影響之深，當然，錢穆學派與胡適之間有許多不同，而余英時則有融合之功。

　　余英時到美國後，憑藉自己的才智和勤奮，很快得到了許多華裔前輩的認可。余英時在《顧頡剛、洪業與中國現代史學》一文中，回憶了幾個他與洪業交談的片段。如洪業「曾屢次向余英時提及之所以從西洋史和神學轉到中國史，是和胡適之、顧頡剛倡導的『整理國故』分不開的，尤其是顧頡剛的影響尤大。」〔註3〕又如有一次洪業告訴余英時：「他當初只打算在美國住

〔註1〕　胡適著；季羨林主編：《胡適全集　第 34 卷　日記 1950～1962》，安徽教育出版社，2003 年，第 499 頁。

〔註2〕　顧思齊：《在沒有胡適之的時代讀余英時》，《南方都市報》，2008 年 10 月 13 日。

〔註3〕　余英時：《文史傳統與文化重建》，三聯書店，2004 年，第 401 頁。

一兩年，藉以補足戰爭期間接觸不到國外漢學的缺陷。但是後來中國的政治局勢變化得太快，他終於年復一年地在美國住了下來。」〔註4〕再者，1973年哈佛燕京社的同仁們發起一個祝賀洪業八十歲生日的集會，余英時寫了一首七律爲壽，詩曰：「才兼文史天人際、教寓溫柔敦厚中」，〔註5〕從這些細節，不難看出，他們之間的交往是頻繁的。另外，何炳棣在回憶他寫的「北魏洛陽城郭規劃」一文發表後，他寫到：「至今不忘的是，楊聯陞兄生平最得意弟子、才氣橫溢、自視甚高的余英時，居然有信致我，贊我『才大如海』，使我既感且愧。」〔註6〕何炳棣如此看重余英時的評價，從一個側面也可看出對余英時學術的認可。當然，以何炳棣的個性，難完全認可一個人在學術上的成就。在1994臺灣中研院院士會議上，人文組由余英時主講，由何炳棣任評案人。何炳棣說由於開幕前一兩天才得見余英時的文稿，不但來不及準備評案，而且余文主要內容看不太懂，其所引西方思想史家的姓名有些也從未聽到過。余英時講後何炳棣說明無法評案的理由，後經楊振寧同意用15分鐘的時間宣讀了他寫的「中國人文傳統對未來世界可能做出的貢獻」一文。〔註7〕

　　當然，余英時在美國，關係最爲密切的還是他的導師楊聯陞。余英時在《從〈反智論〉談起》一文中寫道：「我到美國後，中國史的業師是哈佛大學的楊聯陞先生。楊先生既淵博又嚴謹，我每立一說，楊先生必能從四面八方來攻我的隙漏，使我受益無窮。」〔註8〕他在《中國文化的海外媒介》一文中回憶了楊聯陞對他的影響，余英時認爲：「繼錢賓四師之後，我又失去了一位平生最敬愛的老師。和錢先生一樣，楊先生是塑造了我個人的學術生命的另一位宗匠。」〔註9〕余英時這樣說是有充分理由的，其實早在1956年1月，余英時寫成《東漢政權之建立與士族大姓關係》的再稿之後，就送呈楊聯陞指正，楊聯陞的批評第一次把余英時帶進了日本和西方漢學的園地。從1956年秋到1961年冬，余英時做了楊聯陞五年半學生後，後來又和楊聯陞一起教了九年的中國通史和中國制度史（1966～1977，中間包括兩年在香港任職）。在《胡適楊蓮生往來書簡》序言中，余英時寫到：「我從來沒有見過適之先生，

〔註4〕　余英時：《文史傳統與文化重建》，三聯書店，2004年，第403頁。
〔註5〕　余英時：《文史傳統與文化重建》，三聯書店，2004年，第405頁。
〔註6〕　何炳棣：《讀史閱世六十年》，廣西師範大學出版社，2005年，第363頁。
〔註7〕　何炳棣：《讀史閱世六十年》，廣西師範大學出版社，2005年，第431頁。
〔註8〕　余英時：《史學與傳統》，時報文化出版事業有限公司，1985年，第124頁。
〔註9〕　余英時：《現代學人與學術》，廣西師範大學出版社，2006年，第97頁。

但是我在學術專業上受惠於蓮生師的則遠比他得之於適之先生的既深且多。」
〔註10〕

　　1962 年，余英時的博士論文《東漢生死觀》發表。此書在寫作方法和觀念上，明顯受到其師楊聯陞的影響。比如余英時重視社會史與思想史的互動，楊聯陞也曾用英文寫了一篇關於中國官員、民眾的日常安排的論文，後收錄在《國史探微》一書中，題目是《帝國中國的作息時間表》，就是運用的這一方法。余英時在《漢代貿易與擴張》自序中寫到：「我要特別感謝哈佛大學的楊聯陞教授，他不僅指導了本書每一階段的寫作，而且親自作序爲本書增色不少。」余英時在離開哈佛去香港中文大學任副校長時，1973 年 5 月 10 日，楊聯陞寫詩勉勵道：「少年分袂易前期，壯歲揚鞭莫復時。潙仰清風濡沫侶，摘茶撥火總相思。（作者注：用百丈及潙山仰山事）」〔註11〕5 月 12 日，余英時的和詩則是希望能早日回到老師的身邊：「未行先自討歸期，怕向名場竟入時。嶺外梅花任開前，康橋風雪最相思。」並表達了對老師的深切思念。1976 年 1 月，余英時 40 歲生日時，楊聯陞將自己與胡適的長年往來的書信複印本送給他做禮物，扉頁即是上面提到的詩句：「何必家園柳？灼然獅子兒」。當時余英時剛從香港返回，何俊認爲：「大概正是體會到弟子的心情而示以老師的寬慰、提示與勉勵吧」。〔註 12〕可見相知相交，師生情深。1978 年余英時作爲美國代表團回國訪問，特意去看望了繆鉞。繆鉞在 1978 年 11 月 15 日給楊聯陞女兒楊忠平信中說：「日前余英時先生來蓉，九日晚，到我家看望，轉達你父母殷切慰問之意。余先生學識甚佳，晤談三小時，甚爲契合，詳情具我寫給你父母的一張信中，附函寄上，望你轉寄給你父母。因爲余先生來訪，川大很快的給我調整了住房，並布置樓下那一個大間作爲接待室。」〔註13〕這件事再次證實了楊聯陞推重余英時的學識並非僅僅是師生之誼。當然，也反映出余英時對楊聯陞的敬重。

〔註10〕胡適紀念館編：《論學談詩二十年——胡適楊聯陞往來書簡》，安徽教育出版社，2001 年。

〔註11〕楊聯陞著，蔣力編：《哈佛遺墨——楊聯陞詩文簡》，商務印書館，2004 年。

〔註12〕何俊：《余英時英文論著漢譯集》序言，《十字路口的中國史學》，上海古籍出版社，2004 年。

〔註13〕楊聯陞著，蔣力編：《哈佛遺墨——楊聯陞詩文簡》商務印書館出版，2004 年，第 368 頁。

第二節　余英時和同輩學人

余英時的才氣和努力，儒家精神的入世性格，使他很快得到同輩華裔學者的推重。〔註14〕這一代學人，他也成爲華裔學者的中堅力量。

在美國華裔史家中，能與余英時齊名比肩的，是他的同年好友許倬雲。香港中文大學成立「余英時先生歷史講座」，第一屆的講者是許倬雲。許倬雲多次談及余英時的學術和兩人的友誼。在一次演講後，有聽眾問許倬雲文史界的學者情況，他說最佩服的是余英時。他們兩人交情很好，許倬雲還談起他們二人史學研究的異同。許倬雲是研究社會史的，自謙說是粗枝大葉，不擅細活。而余英時做的是思想史。但許倬雲認爲現在他們兩人的路逐漸在接近，許倬雲做社會思想，余英時也曾從思想而社會。尤其余英時對宋代士大夫的社會網絡的研究，基本上就走向社會史了。就時間而言，許倬雲研究古代，余英時研究中古時代。許倬雲說：「他是個了不起的人才，百年難得一見。他的老師錢穆先生，錢穆先生有這個徒弟是非常幸運的，這就是我願意提的最重要的一個人物。」〔註15〕在許倬雲同李懷宇的談話中，他再次評論道，儘管余英時跟他雖然性格不一樣，學習方向不一樣，但他們互相切磋，互相砥礪，而且互相規勸。許倬雲認爲：「他是了不起的學者，會抓題目，文章做得細緻，寫得滴水不漏。比如他寫《朱熹的歷史世界》，寫思想史的人從來不寫的，他考證朱子的交遊來往，寫得那麼細密嚴謹，這我趕不上他。英時的厲害處，是由小見大，這是他的可佩之處。不止我一個人佩服他，張灝也佩服他，金耀基也佩服他。」〔註16〕對於《朱熹的歷史世界》，許倬雲已不止一次提及了，在《從歷史看人物》中，他說：「余英時在2003年寫了一本書《朱熹的歷史世界——宋代士大夫政治文化的研究》，發現南宋的理學其實是學者想做到內聖外王，王安石即是致力於外王的功夫。」〔註17〕在回答聽眾問及余英時和嚴耕望治學路數問題時，許倬雲也評價余英時說：「他寫的眞正得力之作是《論戴震與章學誠》。最近寫的這本書《朱熹的歷史世界》是替賓四先

〔註14〕如汪榮祖説：「昔聞哈佛華裔漢學家三代，老年洪煨蓮，中年楊聯陞，少年余英時，皆博雅有學。」（汪榮祖：《學林漫步》，江蘇教育出版社，2005年，第92頁。）

〔註15〕許倬雲：《從歷史看管理》，廣西師範大學出版社，2005年，第32～33頁。

〔註16〕許倬雲口述，李懷宇撰寫：《許倬雲談話錄》，廣西師範大學出版社，2010年，第225頁。

〔註17〕許倬雲：《從歷史看人物》，廣西師範大學出版社，2007年，第18頁。

生寫序文才寫出來的。……這部宋代思想史已經出來了，它不僅會解決上一代的歷史，而且對儒家學派本身的學風，理論基礎都會有很深的影響，這是無可否認的。」〔註18〕

　　此外，許倬雲也很佩服余英時對陳寅恪的研究，他說：「余英時先生早在1983年即從陳先生詩文中，解讀陳先生的晚年心情。陸鍵東先生大著出版，證實了余先生的詮釋。」〔註19〕許倬雲認為余英時所以獨具巨眼，是正因為余英時也是中國文化精神孕育的學者，才能體會陳寅恪獨立之精神、自由之思想的感受。值得一提的是，1970年，許倬雲到美國匹茲堡大學，本來是做訪問教授，楊慶堃先生做社會學的研究，他來臺灣找人合作，第一個就找到許倬雲。許倬雲來美國一個學期後，臺灣還有對他不利的情況。陳雪屏為了保護他，告訴李濟之和王世杰：「倬雲不要回來了，風波險惡，僥倖出去了，回來又有很多事情。」〔註20〕對於此事，許倬雲也是很感念的，而陳雪屏是余英時的岳父，當時國民黨的秘書長。這些都可以看出兩人的密切關係，也可看出余英時在許倬雲心目中的地位。

　　張光直也是余英時和許倬雲共同的好友。余英時的《一座沒有爆發的火山》和許倬雲的《論學不因生死隔》都是對亡友的懷念。在哈佛的同學中，余英時與張光直關係是十分密切的。他們是1955年秋同到哈佛的，先後在一起有六年的交往。余英時認為，他從張光直那裏「撿到了不少關於考古學和人類學的知識，雖然大部分是耳食之學，但究竟有轉益多師的收穫」。並在張光直的倡導下組織了一個討論會，余英時記述道：「每次輪流由一個人做專題報告，其餘的人聽後進行問難和討論。這個非正式的討論會先後舉行了一二十次，有時大家爭辯得面紅耳赤，但一點也沒有傷和氣。」〔註21〕余英時1966年開始在哈佛任教十一年後，因為張光直的推薦，去了耶魯大學任教。1978年，余英時作為美國對華學術交流會「漢代研究代表團」團長率團訪問了中國，背後的推動力量也是張光直。

〔註18〕許倬雲：《從歷史看管理》，廣西師範大學出版社，2005年，第34～37頁。
〔註19〕許倬雲：《問學記》，廣西師範大學出版社，2008年，第115頁。
〔註20〕許倬雲口述，李懷宇撰寫：《許倬雲談話錄》，廣西師範大學出版社，2010年，第91頁。（許倬雲回憶道：臺灣長輩陳雪屏先生告訴王世杰先生說：「倬雲啊，回來環境不好。」（參見《從歷史看人物》，廣西師範大學出版社，2007年，第193頁。）
〔註21〕余英時：《現代學人與學術》，2006年，廣西師範大學出版社，第425～426頁。

在余英時的同輩學人中，黃仁宇無疑是特別的一位。1946 年，黃仁宇在中國東北遇到余英時的父親余協中，當時是國民黨東北保安長官司令部參謀長。1962 年，黃仁宇在安亞堡攻讀歷史學博士學位。剛從哈佛畢業的余英時成了他的指導老師和好朋友。黃仁宇畢業時，余英時借開會外出為他聯繫工作未果，在乘飛機返回的途中，結識了鄰座紐約州立大學 New Paltz 分校的區域研究系主任彼得‧萊特，意外的為黃仁宇找到了工作。〔註 22〕在黃仁宇與費正清的交往中，許多困難也是通過余英時去解決的。

杜維明早在 1968 年就注意到余英時等人在思想史上的作用。他說：「游學美國的像余英時（執教哈佛大學）、陳啓雲（執教加州）、陳學霖（參加哥倫比亞大學編纂明代名人傳記的大計劃）等先生，也都是中國旅美學人中的佼佼者，我們能忽視他們的成就嗎？」〔註 23〕至於後來學術論辯是另外一層的問題了。如對余英時「遊魂」說，杜維明爭辯說：「余英時曾說過，儒家知識分子是『遊魂』，因為傳統結構崩潰，儒家知識分子沒有掛搭處。所以影響很小。粗看一下，到處如此，但仔細考慮會發現這個問題相當複雜。」〔註 24〕

至於對余英時在學術上成就的評價，在華裔史家圈中，認可度是比較高的。如王冀認為：「余英時是哈佛大學遠東研究研究專業的博士，在哈佛大學、密歇根大學、普林斯頓大學都曾擔任過教授，在美國的第二代華人教授中是非常出色的一位。」〔註 25〕他是余英時去國會圖書館查資料時熟悉的朋友。而李歐梵對於余英時古文功底也是十分佩服的。李歐梵比較他這一代的留學生和上一代的留學生以及上上一代哈佛的中國留學生時，他說：「第一個感覺就是他們老一輩學者的國學和古文根基比我這一代強多了，我這一代師長輩恐怕也只有余英時先生一人可以匹敵，這是一個事實，但也令我深覺遺憾。」〔註 26〕

余英時經常與舊友新朋「切磋技藝」，也拓展了華裔史家的影響力。如1991 年 2 月 18 日～22 日，「文化與社會　二十世紀中國的歷史反思」會議上，余英時、林毓生、張灝、李歐梵等都參加了，王元化是第一次與他們見

〔註 22〕黃仁宇著，張逸安譯：《黃河青山──黃仁宇回憶錄》，三聯書店，2007 年，第 93 頁。

〔註 23〕杜維明：《杜維明文集》（第一卷），武漢出版社，2002 年，第 31 頁。

〔註 24〕杜維明、盧風：《現代性與物欲的釋放──杜維明先生訪談錄》，中國人民大學出版社，2009 年，第 40 頁。

〔註 25〕王冀：《我在國會圖書館的歲月》，北京師範大學出版社，2009 年，第 73 頁。

〔註 26〕李歐梵：《我的哈佛歲月》，人民文學出版社，2010 年，第 151 頁。

面。後來他們都成爲好友。〔註27〕又如，在瑞典參加會議期間，余英時與林毓生、張灝、李歐梵、杜維明、陳方正、蘇邵智、李澤厚、劉再復、王元化一起參加了參加瑞典皇家文學院宴請。〔註28〕在宴後的遊覽中，王元化回憶道：「在斯德哥爾摩，乘船遊覽時，恰與余英時坐在一張桌邊，作了比較長時間談話，內容多係生活，少及學術，會議結束後，分手時，他送了我一本近作給我，《中國文化與現代變遷》。」〔註29〕

　　任何一個群體內都有歧義現象。對於一個相對分散的學術群體，更是如此。何炳棣與張光直對於中國文化起源問題多有論證，即使是同爲錢穆門生，余英時與陳啓雲在諸多問題上的看法多不一致。我們以余、陳的分歧簡要爲這一觀察作爲例證，當然爲了中心問題不至於散漫，不做過多學術是非的評論。如陳啓雲認爲文化史與思想史不同，文化史主要指物質文化，思想史應該注意思想本身。余英時的毛病就是用基層文化決定和解釋高層文化的特色，把注意力放在思想家的社會和政治背景上。「余英時早年的『漢儒法吏化』論，和最近的《朱熹的歷史世界》的毛病都在這裏。」〔註30〕他也不贊同余英時把朱熹的學術思想套牢在其歷史世界的「政治文化」上，他認爲：「宋明道學理學對當時的現實世界有相當獨立性，也有很大的發展空間。」〔註31〕

　　以上例證多是學術觀點的不同。但對於「余英時熱」，陳啓雲說：「於是不少人便急忙找到一些新的觀念理論（主要是以前國內沒有，最近才由西方——特別是美國——傳入的觀念理論）來把這些史料組合成篇，居然亦儼然可觀（尤其適用那些大家看不懂的文字來寫）。這是余英時近年在國內走紅的原因之一。」〔註32〕他認爲余英時分析梁啓超把中國歷史分爲「上古、中古、近代」的觀念，是「余氏片面的曲解中華歷史文化以貫徹其反華的偏見，因而立論自相矛盾之處，不勝枚舉；余氏一貫引用西方立論來解釋中國歷史，最近忽然跳出來攻擊把中國歷史分爲『上古、中古、近代』的觀念，認

〔註27〕王元化：《王元化集　日記》，湖北教育出版社，2004年，第88頁。
〔註28〕王元化：《王元化集　日記》，湖北教育出版社，2004年，第186頁。
〔註29〕王元化：《王元化集　卷九　書信集》，湖北教育出版社，2007年，第200～201頁。
〔註30〕陳啓雲：《治史體悟——陳啓雲文集一》，廣西師範大學出版社，2007年，第115頁。
〔註31〕陳啓雲：《治史體悟——陳啓雲文集一》，廣西師範大學出版社，2007年，第159頁。
〔註32〕陳啓雲：《治史體悟——陳啓雲文集一》，廣西師範大學出版社，2007年，第199頁。

爲這是引用西方史學對中國歷史的『全民的歪曲』，即是一例。」〔註 33〕因爲「余英時在《余英時文集序》中對梁啓超提過的中西歷史的上古、中古、近世三分法未作論析，甚至未讀過（也可能正是針對）我在陳啓雲（2001，2003），二，文中引述和分析梁氏對這分期法進一步的討論，即肆意一筆抹殺；只表現了其本人的蠻橫無知。」〔註 34〕更有甚者，陳啓雲說：「據我所知，『硬件文化』和『軟件文化』兩詞及其定義，首次出現於拙作，陳啓雲（1994.9；1995.3；1998.3）。最近，余英時：《現代危機與思想人物》（北京：三聯，2005）《總序》，9 頁，採爲貫穿全書的『預設』理念。」〔註 35〕這也反映出華裔史學家群體中複雜性的一個面相。

第三節　余英時和弟子們

　　必須說明的是，我們在此勾勒余英時與弟子們往來，主要目的是論證他們那一代華裔史家的影響和貢獻。因爲到了余英時弟子這一代，即便是華人學者，由於中美社會的巨大變化，他們基本上經常來往於世界各地。似乎很難把他們完全考慮到美國華裔史家的行列。當然，他們大多也用英文寫作，也在美國中國史領域內有所貢獻。但至於他們的身份，不是我們所要討論和關注的問題。

　　在余英時培養的史學人才中，非華裔的如田浩、鄧爾麟，華裔的如臺灣中研院歷史語言研究所的黃進興、陳弱水、康樂、王汎森，以及大陸的羅志田、何俊等人，較爲年輕的如陸楊等。2009 年，余英時八十壽辰，他的弟子們出版了《文化與歷史的追索：余英時教授八秩壽慶論文集》〔註 36〕一書，大體可展現余英時史學思想對後輩學人的影響。

　　田浩在《想我老師余英時之一：哈佛大學的年代》一文中回憶道：1971年余英時因爲探親，第一次去臺灣。就帶田浩一起拜訪了錢穆。當時《朱子

〔註 33〕陳啓雲：《治史體悟——陳啓雲文集一》，廣西師範大學出版社，2007 年，第113 頁。

〔註 34〕陳啓雲：《治史體悟——陳啓雲文集一》，廣西師範大學出版社，2007 年，第204 頁。

〔註 35〕陳啓雲：《治史體悟——陳啓雲文集一》，廣西師範大學出版社，2007 年，第69 頁。

〔註 36〕田浩等：《文化與歷史的追索：余英時教授八秩壽慶論文集》，（臺北）聯經出版公司，2009 年。

新學案》剛出不久，田浩特別想拜訪那裏有學問的朱熹專家。在田浩博士論文選題上，最初田浩想比較歐洲中古思想家湯麥斯 Thomas Aquinas（多瑪斯·阿奎那，1225～74）與南宋朱熹關於「心」的看法，並且得到史華慈的贊同。但余英時認爲太大，一輩子都做不完，就提出一個具體的題目，即：朱熹和他的一個學生的關係，任何門人都行。事過多年，田浩認爲更證明余英時是正確的。

黃進興在《想我老師余英時之二：師門六年記：1977～1983》中回憶自己跟余英時學習的體會。1975 年，余英時在臺灣大學歷史系做「清代思想史的一個新解釋」的講演時，黃進興認識了余英時。1976 年，黃進興去美國留學，開始在匹茲堡大學跟許倬雲。余英時大力推薦黃進興來哈佛，許倬雲也認爲黃進興的興趣在思想史、學術史，還是跟余英時比較好。但正好那年余英時轉任耶魯大學，在史華慈的建議下，他和康樂每隔兩、三個月就會去余英時家請教。每一次都聊到晚上三、四點。因爲聊得太晚，就住在余英時家，醒來再聊，下午才走。黃進興的導師是史華慈，但他的博士論文題目《十八世紀中國的哲學、考據學和政治：李紱和清代陸王學派》，〔註37〕實際上是余英時設計的，這是找一個沒人做過的題目。在寫作過程中，每寫一章就給余英時過目，加上史華慈的批評，博士論文很快就完成。黃進興在《遺憾三部曲》一文中回憶一次余英時路過波斯頓曾告誡他：「年輕人立志不妨高，但不要犯上近代學者鋼筋（觀念架構）太多，水泥（材料）太少的毛病。」〔註38〕

1981 年秋天到 1987 年春天，陳弱水在耶魯大學歷史系跟隨余英時學習。他在《想我老師余英時之三：回憶耶魯歲月的余英時老師》一文中回憶那段時光。陳弱水幾乎每星期都跟余英時見面一、兩個小時，談話的內容絕大部分在學術方面，這樣的日子可能持續將近兩年，並長期擔任余英時的助教。更讓陳弱水懷念的是，年節時分，余英時一家往往邀請學生和同事到他們家過節，有時大群人，有時小群，年節則包括感恩節、聖誕節和中國農曆新年。

王汎森是余英時弟子中比較傑出的一個。許倬雲說：「汎森是英時非常好

〔註37〕英文爲：*Philosophy, Philology, and Politics in Eighteenth ── Century China: Li Fu and the Lu ── Wang School under the Ch』ing, 1983.*
〔註38〕吳詠慧：《哈佛瑣記》，中華書局，2009 年，第 94 頁。

的學生，我們都喜歡他，他研究傅斯年。」〔註 39〕王汎森在《想我老師余英時之四：普林斯頓時期所見的余英時老師》回憶道，他是 1987 年 8 月從史語所到普大攻讀博士的。在王汎森的觀察中，1970～80 年代前期余英時所接觸的中國大陸人士主要限於專家型學者這一群人，但是在文化熱之後，來往的圈子慢慢擴及專家型學者、受文化熱鼓舞的學者、跨文化與學術的學者、文化人，也就是說，余英時這一時期與大陸學術界，尤其是年輕一代有了較爲密切的聯繫。羅志田、何俊、陸楊等就是較爲突出者。何俊後來主編了余英時的英文論著。余英時寫作《朱熹的歷史世界》一書中，陸楊往往成爲最初的聽眾和討論者。

〔註39〕許倬雲口述，李懷宇撰寫：《許倬雲談話錄》，廣西師範大學出版社，2010 年，第 228 頁。

第三章　余英時的歷史理論

第一節　人文主義多元史觀

　　歷史學家有什麼樣的歷史觀，從根本上決定了他對歷史和史學的認識。就中國現代史學而言，較早探討歷史觀的是李大釗。〔註1〕歷史觀是什麼呢？當代學者吳懷祺認為：「歷史觀是對客觀歷史的認識，這裏可以歸結為兩個大方面：一，對客觀歷史過程的認識，即認為歷史是靜止的還是變化的；如果變化，又是怎樣變化的。……二，對社會歷史的根本動力的認識，也就是討論支配社會歷史的力量。」〔註2〕歷史是什麼呢。20世紀荷蘭史家蓋爾說：「歷史是一場無休止的論辯。」的確如此，近代西方史家或歷史哲學家曾不斷有人寫專文或專書討論這個問題。朱本源就近現代西方的歷史家或哲學家有關的論述做了細緻分析，並用列維・斯特勞斯話總結歷史的內容：「第一，指人不知不覺的創造的歷史；第二，指歷史家所創作的人的歷史；第三，指哲學家對人的歷史或歷史學家的歷史的解釋。」〔註3〕這裏顯然將歷史與歷史學放在了一起。

　　就中國史學而言，中國傳統史學中，歷史和對歷史的記錄一直相互混淆，即使到了近代的梁啓超也並未從理論上做出區分。李大釗是把歷史和歷史學區分開來的第一人。他在《史學要論》中說：「歷史是在不斷的變革中的人生

〔註1〕李大釗：《史學要論》，商務印書館，2000年。
〔註2〕吳懷祺：《歷史觀、歷史思維與安邦興邦》，《史學史研究》，2007年第2期，第8頁。
〔註3〕朱本源：《歷史學理論與方法》，人民出版社，2007年，第20頁。

及爲其產物的文化」，〔註4〕後來，何炳松指出：「歷史的意義有兩種：一種就是人類過去的活動；一種就是人類過去活動的記載。」當代史家杜維運認爲：「一般來講，所謂歷史，不外是以往實際發生的事件（簡言之爲往事），或者是以往實際發生的事件的記錄（往事的記錄）。」他認爲，歷史與往事之間，有很大距離。後者大體上講是正確的。〔註5〕許倬雲認爲：「歷史是我們對於過去的認識，是我們取捨整理對我們有意義的事件，以我們自己的認識加以貫串，用我們能夠理解的邏輯，組織爲一個對於過去的解釋，因此，歷史的解釋不能避免記述者自己視角的影響。」〔註6〕王爾敏認爲：「歷史者，人類留存之重要活動記錄，足以參酌以瞭解過去與未來者也。」〔註7〕余英時早年生活的 20 世紀 40 年代，就歷史觀而言，是多元歷史觀並存的時代。除了唯物史觀外，還有民生史觀，文化史觀，生機史觀，英雄史觀，政治史觀，道德史觀等等。

五十年代中期，余英時明確表達了他的歷史觀。他說：「我在本書中所持的歷史觀是什麼呢？首先，我絕不是一元論的。其次，我更不是定命論的。我無法相信歷史的發展，文明的進步是由某種單一因素的作用。自然我也無法承認歷史發展是遵循著某種既定的公式。歷史的因素極多，也極複雜。有主觀的，有客觀的；人是主觀因素，自然環境與社會環境是客觀因素。歷史是人的歷史，離開了人便無所謂歷史與文化，顯然，在歷史發展中人的因素是要占據著最主要的地位，但人並不能任意決定歷史，因爲社會的進化還有其他各種客觀因素如地理，氣候，政治，經濟文化……前兩項屬於大自然的，後三項屬於社會的……」〔註8〕

很明顯，這是一種人文主義的多元史觀。這種人文主義多元歷史觀，取決於余英時對歷史的認識。

那麼，余英時如何認識「歷史」的呢？余英時評價柯林伍德的歷史哲學時：「如果我們一定要說其他動物或自然世界也都有其『歷史』（變遷），我們也必須瞭解，這種『歷史』與柯氏心目中的歷史，在意義上完全不同，

〔註4〕 李大釗：《李大釗史學論集》，河北人民出版社，1984 年，第 204 頁。
〔註5〕 杜維運：《史學方法論》，北京大學出版社，2006 年，第 17 頁。
〔註6〕 許倬雲：《中國文化與世界文化》，2006 年，廣西師範大學出版社，第 110 頁。
〔註7〕 王爾敏：《史學方法》，廣西師範大學出版社，2005 年，第 84 頁。
〔註8〕 余英時：《民主制度與近代文明》，廣西師範大學出版社，2006 年，第 128～129 頁。

不僅此也,柯氏並進而指出,即使是人類的活動也並不都是歷史學的主題。依他的看法,凡是人的動物本性,行動與物質欲望等所決定的人類行為都是『非歷史的』,因為這些只是一種自然的過程。此所以歷史家關心的並不是飲食男女這類簡單的事實,而是人類思想創造出來以安頓飲食男女等欲望的種種社會習慣的架構。」他又評價說:「蓋柯氏所謂『歷史』係專指人的文化成就而言,而人之所以能有文化成就則在於其具備了物質基礎之外,同時復有其獨特的心靈與思想。在此中意義上,只有思想才可以對人類歷史有代表性。」〔註9〕

余英時對柯氏的觀點是認同的,所以他又說:「蓋我們所謂之歷史,事實上仍是人類文化的日積月累之過程,其中每一項新的增添都有其永恆存在的一面。就其永恒的一面說,歷史事件或歷史的思想同時又是超時間的,歷史事件當然也有其受時間與空間限制的一面,但這一面對人類文化的永恒性來說,並不是很重要的,甚至可說是無關緊要的。」〔註10〕

余英時對歷史的認識,很明顯繼承了其師錢穆有關歷史的論述。錢穆認為「歷史既是人生,歷史是我們全部的人生,就是全部人生經驗。」〔註11〕「歷史是一積累」,「歷史成於群心群業,並必有時代積累,後一時期之歷史,必已有前一時期為之準備開端,斷無截然割斷前一代,來嶄新創出下一代。」〔註12〕錢穆認為歷史是一文化生命體。「『人生』『歷史』『文化』,本來只是一事情。」〔註13〕「可以說文化是全部歷史之整體,我們須在歷史之整體全體內來尋求歷史之大進程,這才是文化的真正意義。」〔註14〕這種人文主義的歷史觀,余英時並不否認,他說:「在基本立場上,我是偏袒人文主義的;我堅信歷史文化的最大意義在於它提高了人的價值。顯然撇開了人,我們復何貴乎歷史文化呢?從這一基本觀點出發,我所看到的近代文明便是近數百年來環繞著『尊重並提高人的價值』這一中心所產生的一切創造。」〔註15〕那麼,什麼是人文主義呢,他認為:「最簡單的說法乃是尊重人的地

〔註9〕 余英時:《史家史學與時代》,廣西師範大學出版社,2004年,第131頁。

〔註10〕 余英時:《史家史學與時代》,廣西師範大學出版社,2004年,第132頁。

〔註11〕 錢穆:《中國歷史精神》,臺灣國民出版社,1954年,第1頁。

〔註12〕 錢穆:《中國文化傳統中之史學》,《中國學術通義》,臺灣學生書局,1976年,第133,146頁。

〔註13〕 錢穆:《中國文化史導論》,商務印書館,1994年,第17頁。

〔註14〕 錢穆:《中國歷史研究法》,三聯書店,2001年,第132頁。

〔註15〕 余英時:《民主制度與進代文明》,廣西師範大學出版社,2006年,第125頁。

位。」〔註16〕

余英時這一人文主義爲中心的多元歷史觀，是他的史學思想的中心，在他的史學著作中都有所體現。總的來看，余英時的歷史觀還是一種歷史本體論，這裏的歷史本體論指在歷史解釋中以歷史爲一整體的不可分的最終基礎。他對歷史的理解爲過去、現在，甚至未來的整體時間，即歷史在時間之內又在時間之外，體現了綿延性和統一性。他的歷史觀有現實的基礎，又不完全等同於現實，因爲他仍有歷史理論的前提，即中國歷史文化自成體系，有其生命和進程。

既視中國歷史文化自成體系，有其生命和進程，自然在歷史發展方向上堅持進化史觀，余英時在《文明論衡》序中指出：「近代講歷史都採取進化的觀點，不錯，歷史的確是進化的。但是不幸的很，近代歷史的進化論卻多少建築在生物進化論的基礎之上的……」〔註17〕「我們的看法，人類的進化不能盡同於其他生物的進化，如果要以人爲中心的歷史，則只有在文明程度的變遷中方能有眞正的進化可言。」〔註18〕不難看出，他的進化史觀與近代學者的進化史觀有一定距離。

歷史有無規律或通則也是余英時比較感興趣的理論問題之一。對於歷史中的規律，余英時始終是反對的。他說：「自然界的一切運行遵守自然規律，這一點已爲近代科學所證明，無可置疑。如果歷史發展也有它的規律，而這些規律又已在史學上完全獲得了證實。那麼，依照著這種規律而運行的歷史潮流，自然也無法抗拒的。」並以唯物史觀的「規律」說明規律是不可能的。〔註19〕但對於通則，他曾有不同的看法，1970年代余英時說：「當然照今天看來，通則也是需要的，這個涉及到歷史知識的性質問題。」〔註20〕臺灣史家杜維運也有類似的看法：「歷史上沒有定律，但是史學家可以在歷史上求趨勢，求通則，以進行解釋」〔註21〕但後來余英時堅持反對通則，1986年代余

〔註16〕余英時：《民主制度與進代文明》，廣西師範大學出版社，2006年，第135頁。

〔註17〕余英時：《文化評論與中國情懷（上）》，廣西師範大學出版社，2006年，第87頁。

〔註18〕余英時：《文化評論與中國情懷（上）》，廣西師範大學出版社，2006年，第88頁。

〔註19〕余英時著；李彤譯：《十字路口的中國史學》，上海古籍出版社，2004年，第80～82頁。

〔註20〕余英時：《史家史學與時代》，廣西師範大學出版社，2004年，第83頁。

〔註21〕杜維運：《史學方法論》修訂版，北京大學出版社，2006年，第325頁。

英時說：「我雖然深受韋伯《新教倫理》一書的啓發，但是我的目的並不在建立任何社會發展的通型。我只希望通過韋伯的某些相關的觀點來清理中國近世宗教轉向和商人階層興起之間的歷史關係和脈絡。」〔註22〕後來又指出：「如果我們既不承認歷史有通則，也不視歐洲歷史經驗的獨特形態爲所有非西方社會的普遍模式，那麼，我們又何須提出中國歷史上是否有文藝復興或啓蒙運動這類問題呢？」〔註23〕

　　余英時後來的這種變化與他的歷史觀有關，也與他對歷史學科性質的認識相關聯，即歷史學科不同於社會科學。余英時指出：「如果史學也踏入建立通則（即『概念思考』的層次）那麼它便與社會科學無以分別了。」〔註24〕但晚年余英時又有一定的變化，他強調說：「我並未以史學僅僅研究殊相，不涉『抽象』，中國人文研究傳統一向懸『由博返約』爲最高境界……《朱熹的歷史世界》，我的最後目的正是要通過對於一切相關的『殊相』的考證，以建構宋代政治史、文化史上若干一向被忽視而相當重要的共相」。〔註25〕海外和港臺其他史學家如何認識這一問題的呢？許倬雲認爲：他做比較研究「並不在找尋一個通則或通例，……歷史是一串特定的時間，而不是一大串共通的現象。我們要將這特定的時間給予好的解釋、清楚的敘述，這就是歷史學與其他社會科學的基本差別。」〔註26〕許冠三認爲：通則在現代史學上的運用與其他經驗科學無實質差異，它的用途並不以史事解釋爲限，從研究開始到結束都涉及通則，許氏的通則指自然科學律則，社會或行爲科學通則及一些常理。〔註27〕這裏雖然說的是史學，同樣歷史也是如此。那麼，歷史有沒有通則呢，也許在余英時的思維中金岳霖的「理有概然，勢無必至」也許是對的。

　　就唯物史觀而言，的確承認社會歷史發展有其規律，但絕不是人們常常理解的等同與自然規律。「社會形態的發展是自然歷史過程」是馬克思在《資本論》第一卷第一版序言中提出的。楊耕認爲對此人們是有誤解的，這句話

〔註22〕余英時：《儒家倫理與商人精神》，廣西師範大學出版社，2004 年，第 213～228 頁。

〔註23〕余英時：《文化評論與中國情懷（上）》，廣西師範大學出版社，2006 年，第 176 頁。

〔註24〕余英時：《史家史學與時代》，廣西師範大學出版社，2004 年，第 83 頁。

〔註25〕余英時：《宋明理學與政治文化》，廣西師範大學出版社，2006 年，第 300 頁。

〔註26〕許倬雲：《中國文化與世界文化》，廣西師範大學出版社，2006 年，第 21 頁。

〔註27〕許冠三：《新史學九十年》，嶽麓出版社，2003 年，第 517 頁。

馬克思表達的只是說「社會形態的發展同自然歷史具有『相似』的一面」，……
這種相似是指：「如同自然界動植物的發展是立足於自身器官的形成和發展過
程一樣，社會經濟形態的發展也是立足於『社會人的生產器官』的形成和發
展過程。」〔註28〕余英時對歷史規律的反對也是源於將歷史規律等同與自然
規律了。

第二節　歷史發展多因論

　　歷史發展的動力究竟是有那些力量推動前進的，各自又起到什麼作用，
又是如何起作用的，有決定論和多因論的爭論。即使在大陸唯物史觀內部，
分歧也很大，新時期曾形成有關「歷史發展動力」的大討論。

　　余英時認為這兩種說法均不全面。他認為歷史發展是多種因素造成的，
這與他的歷史觀是一致的。與余英時同在美國的學者許倬雲也認同歷史發展
多因論，並將其因素歸結為獨立變數（天、地、人）、復合變數（經濟、社會、
思想的相互影響）、時間變數、文化變數、個人變數。〔註29〕

　　在早年「少作」中，余英時對歷史發展多因論做了如下闡述：「歷史變遷
的決定因素究竟誰屬，本身便是一待證的假設。而歷史證明，無論是道德或
是經驗，其本身也是變動的，它們的變動亦同樣受某些特殊的因素之支配。
僅此一點已可以說明它們之中任何一個都不能成為決定政治變遷的唯一因
素。我們現在不能多討論歷史理論，只想指出，與本文論旨相關的一點，即
近代『文化史』（history of civilization）觀念之思想已否定了所有一元論的歷
史觀……」。〔註30〕我們看到余英時認同歷史發展多因論，近代文化史的觀念
起了相當大的作用。後來他在評述章學誠與柯林伍德歷史哲學時指出：「因為
『思想』非歷史之唯一因素。亦如經濟非歷史之唯一因素，其事甚顯，不待
知者而後知，實則柯氏所謂『思想的歷史』並非我們所習知的『思想史』的
同義語。」〔註31〕在這裏，余英時將思想與經濟並重都作為歷史發展的動力。
歷史發展多因論這一觀點在他以後的史學研究中是否會有變化呢？

〔註28〕楊耕：《為馬克思辯護——對馬克思哲學的一種新解讀》，北京師範大學出版
　　　　社，2004年，第140頁。

〔註29〕許倬雲：《中國文化與世界文化》，廣西師範大學出版社，2006年，第151～
　　　　160頁。

〔註30〕余英時：《民主制度與近代文明》，廣西師範大學出版社，2006年，第390頁。

〔註31〕余英時：《史家史學與時代》，廣西師範大學出版社，2004年，第159頁。

　　20 世紀 90 年代，余英時在《士商互動與儒學轉向——明清社會史與思想史之一面相》一文對儒學的變化做了如下分析：「15、16 世紀的儒學的移形轉步是一個十分複雜的歷史現象。大體言之，這是儒學的內在動力和社會、政治的變動交互影響的結果……」〔註 32〕在《關於韋伯、馬克思與中國歷史研究的幾點反省——〈中國近世宗教倫理與商人精神〉自序》一文中，他說：「我必須鄭重說明，韋伯並沒有企圖建立任何歷史社會學的規律、公式或固定的方法論，因此，我也不可能應用韋伯的特殊公式或方法。韋伯是堅決反對歷史單因論的……韋伯的歷史多因論和我自己的一貫看法大致相合，而且今天多數的史學家也都持類似的見解，所以，這個一般性的觀點並不能代表韋伯的特有的立場。」〔註 33〕更清楚的表達了他對這一觀點的堅持。我們應該看到，余英時的多因論與唯物史觀下的「合力說」既有區別也有相同，但根本上是不同的。「合力說」也承認多種因素的共同作用，但討論的範疇還是在唯物史觀內部。

　　余英時對歷史決定論是持反對意見的，無論是客觀決定論還是主觀決定論。首先他反對經濟決定論。在 20 世紀 50 年代末，他指出：「相信經濟生活決定人的思想與精神，這種決定論的流傳使人們在近數十年來幾乎完全放棄了提高自己精神境界的努力，但人之所以為人，所以人有其尊嚴，乃在於他除了物質生活之外尚有精神生活。他固然不斷地在謀取物質生活的改善，但他同時也在無所為而為地求真、求善和求美。這種精神上的自我超拔也同樣是決定歷史的因素。」〔註 34〕其次，他也反對主觀決定論。他認為：「我們反對主觀一元論的理由是很簡單明瞭的：宇宙太浩大了，我們根本不能愚妄地企圖從某一個角度上來窺盡天下的真理，何況即使我們有所『見』，而此所『見』也未必便是真理或真理的全部呢？」〔註 35〕

　　余英時對決定論的反對有一個發展過程。20 世紀 50 年代，余英時儘管反對歷史決定論，但思想並未成熟，甚至有些猶豫。他說：「我沒有能力也沒有意圖排斥一切『決定論』，我只希望在史學領域內為人的相對自由和文化的相對超越性保留一點空間。」〔註 36〕就是這一心態的體現。到了 20 世紀 70 年

〔註 32〕余英時：《儒家倫理與商人精神》，廣西師範大學出版社，2004 年，第 163 頁。

〔註 33〕余英時：《儒家倫理與商人精神》，廣西師範大學出版社，2004 年，第 217 頁。

〔註 34〕余英時：《儒家倫理與商人精神》，廣西師範大學出版社，2004 年，第 370 頁。

〔註 35〕余英時：《文化評論與中國情懷（上）》，廣西師範大學出版社，2006 年，第 26 頁。

〔註 36〕余英時：《文化評論與中國情懷（上）》，廣西師範大學出版社，2006 年，第

代，他對這一理論的認識更加成熟。充分體現在《歷史與思想》一書的自序中。在當時的歷史環境中，他首先指出無論唯物主義還是各種各樣的行為主義決定論都在大行其道，決定論導致「人們往往看不到思想在歷史進程中的能動性」。他表示反對任何一種形式的歷史決定論。因為「在歷史進程中，思想的積極作用是不能輕易抹殺的，而且只要我們肯睜開眼睛看看人類的歷史，則思想的能動性是非常明顯的事實，根本無置疑的餘地。」〔註 37〕但是他又防止自己陷入思想決定論之中。在分析決定論時，他並未一概抹殺決定論在史學上的正面功用，但他的目的是，「只有通過對決定論的分析，思想的真正作用才能獲得最準確的估計。」〔註38〕思想怎樣活動呢？他認為：「思想一方面是在決定論的基礎上活動，另一方面則也具有突破決定論的限制的潛能。在後一種意義上，我們可以說，思想創造歷史，正由於思想可以創造歷史，並且實際上也一直是歷史進程中的一股重要的原動力。」並由此他得出結論：「所以人對於歷史是必須負責的，而且越是在歷史發展中佔據著樞紐地位的個人，其責任也就越重大。決定論的分析只能開脫個人所不應負責任的部分，但決不能解除其一切應負的責任。在這個意義上中西傳統史學中的褒貶之論仍然有它的現代功用。」〔註 39〕

到了晚年，余英時再次表達了對歷史決定論的反對。「以上兩節論孝宗的心理歷程及其在心理史學上的含義，其目的只是給孝宗時代的政治文化增添一個理解的層面。這是心理的層面，可以與其他層面如思想、權力等互相映照，但卻不能將其他層面化約到心理的層面。我不取任何歷史決定論的預設立場，心理決定論也包括在內。」〔註 40〕

為什麼他要反對決定論，他說：「道理很簡單：一個人如果真相信『存在決定意識』或『物資基礎、社會形態決定文化風格，』便根本不必『談』決定論，也不必『說』自己相信決定論了，因為『談』『說』『相信』的本身也都是被決定了的。相反地，只有相信在一定的條件之下可以創造或改變文化時，這種『談』、『說』或『相信』才有意義。」〔註 41〕很顯然，余英時反對

125 頁。

〔註 37〕余英時：《史家史學與時代》，廣西師範大學出版社，2004 年，第 119 頁。

〔註 38〕余英時：《史家史學與時代》，廣西師範大學出版社，2004 年，第 120 頁。

〔註 39〕余英時：《史家史學與時代》，廣西師範大學出版社，2004 年，第 121 頁。

〔註 40〕余英時：《宋明理學與政治文化》，廣西師範大學出版社，2006 年，第 231 頁。

〔註 41〕余英時：《文化評論與中國情懷（下）》，廣西師範大學出版社，2006 年，第 8

的是機械決定論，馬克思主義堅持的是辯證決定論，也就是余英時所說的「在一定的條件之下可以創造或改變」的觀點。余英時對馬克思主義決定論是有誤解的，當然他反對的不只是馬克思主義的決定論。

余英時在決定論問題上與我們的區別在於：他在前提上反對決定論的存在，而我們的認識恰恰相反，承認決定論的存在。筆者認爲：在已逝的歷史中，決定性因素是存在的，不可改變的。也就是說，某一事件或現象已成爲過去，那麼在諸多因素中有一個或幾個起決定作用的因素存在。在未來的歷史中，決定性因素也將是存在的，我們可以從眾多的已知因素中推測答題的決定因素。但總體上是未知的可以改變的，因爲歷史是人類的歷史，人的主觀能動性可以改變某些既定因素，使決定性因素也隨之發生改變。從這一點來說，如果否定決定論，與余英時認識恰恰相反，就從根本上否定了人的主觀能動性。至於哪種或哪幾種因素起決定性因素，經濟在其中的地位如何，就是另一層面的問題了。總的來說，我們贊同余英時的多因論，欣賞他反對機械決定論和主觀決定論，但不能認同他從根本上否定決定論。

是否在余英時的歷史發展多因論中，各種因素是平行的呢？答案是否定的，他既認爲歷史爲人類的文化的積纍，又重視思想文化在歷史發展的諸因素中的作用。

（一）思想文化在歷史發展中的重要性

早年的余英時深受柯林伍德歷史哲學的影響，對柯林伍德的「一切歷史都是思想的歷史」相當推崇。到了 20 世紀 70 年代，在《歷史與思想》一書自序中甚至說：「思想一方面是在決定論的基礎上活動，另一方面則也具有突破決定論的限制的潛能。在後一種意義上，我們可以說，思想創造歷史，正由於思想可以創造歷史，並且實際上也一直是歷史進程中的一股重要的原動力」，〔註42〕到了 20 世紀 80 年代，在對陳寅恪評價時認爲：「陳先生雖然認爲文化理想不能不寄託在社會經濟制度之中，然而他畢竟不是一個決定論者，因此他依然肯定，思想觀念可以推動歷史的發展，而學術的變動往往竟能影響及於世局的推移。」〔註43〕爲什麼余英時如此看重思想文化在歷史發展中的作用呢？一是我們前面提到的他的人文主義歷史觀的作用。二是在現

頁。
〔註42〕余英時：《史家史學與時代》，廣西師範大學出版社，2004 年，第 121 頁。
〔註43〕余英時：《現代學人與學術》，廣西師範大學出版社，2006 年，第 181 頁。

實歷史研究中，有忽視思想文化的傾向。在 20 世紀 60 年代他指出：「我們這一代思想史家特別面對的另一個長期存在的困惑是因果觀念的問題，受歷史唯物論，最近更直接的則受知識社會學的衝擊，人們今天普遍傾向於從社會經濟和政治環境出發思考觀念，將觀念隔絕在不受時間影響的真空裏的傳統習慣已經衰退。」〔註 44〕在 20 世紀 70 年代，在清代思想史研究中，他指出：「我的解釋必須建立在發展的內在理路上，而徹底排除了像 17 世紀中國的政治，社會和經濟變化等外部因素。以前，在同一主題的許多研究中這些外部因素得以彰顯，而我的研究與此不同。但這並不意味著我贊成那種明顯不可能的看法，即觀念完全按照自己的邏輯發展而對外部刺激毫無回應。我把純思想發展隔離於人類活動的其他領域，只是爲了歷史分析的目的。思想史嚴格的內在解釋不是爲了與外緣解釋——無論是政治、經濟還是社會的——爭雄更具有效性。相反，這個特別的解釋補充所有這些外緣解釋。……可以斷言，如果外緣解釋有助於理解廣泛意義上的思想運動，那麼內在解釋則可以單獨對這一運動爲什麼沿著它該有的特殊路線走給出特別的回答。例如用清朝鎮壓的理論作爲清初學者從歷史轉向經典的令人滿意的解釋可以被接受，但爲什麼對某一經典的考證會超出其他經典呢，這是個特別問題，而其答案往往必須來自思想史本身。」〔註 45〕應該說，余英時的這一觀察有一定的合理性。注重文化在歷史發展中的作用，顯然也與其師錢穆有相通之處。當代學者劉夢溪認爲：「所謂文化史學，是指著者不僅試圖復原歷史的結構，而且苦心追尋我華夏民族文化傳承的血脈，負一種文化託命的職責。文化史學的集大成者是錢賓四先生。」〔註 46〕作爲弟子的余英時對文化的特殊注重是不難理解的。

因此之故，在具體的史學研究中，余英時有過於重視文化的思維傾向。如在考察東漢初年更始與赤眉兩集團滅亡原因時，他指出：「更始與赤眉的敗亡繫於他們在文化方面的極端落後，恐猶甚於其社會經濟基礎的薄弱。」強調文化原因大於經濟原因。〔註 47〕再如，在考察漢代文化時，他認爲：「漢代

〔註 44〕余英時著，侯旭東譯：《東漢生死觀》，上海古籍出版社，2005 年，第 4～5 頁。

〔註 45〕余英時著，程嫩生，羅群等譯：《人文與理性的中國》，上海古籍出版社，2007 年，第 130～131 頁。

〔註 46〕劉夢溪：《學術思想與人物》，河北教育出版社，2004 年，第 170 頁。

〔註 47〕余英時：《史家史學與時代》，廣西師範大學出版社，2004 年，第 47 頁。

的皇帝終於承認儒教的正統地位，與其說是由於儒教有利於專制統治，毋寧說政治權威最後不得不向文化力量妥協。儒教大傳統對於皇權的壓力早在漢初便已見端倪。」〔註48〕這也是過於重視文化所導致的。再如，他說：「中國人以往評論歷史，常常有意無意之間過高地估計了思想的作用，特別是在追究禍亂的責任的時候……這種觀點一直到今天還流動在許多人的歷史判斷中。把共產主義在中國的得勢，溯源至五四前後的新文化運動，依然是一個相當普遍的看法。這個傳統的觀點並非毫無根據，但是在運用時如果不加分析，那就不免使思想觀念所承擔地歷史責任遠超過它們的實際功效。」〔註49〕可以看出，余英時對於思想似乎有一種偏愛。

　　當然，作為一名傑出的史學家，余英時並未掉入文化決定論中之中，他說：「事實上，我們承認文化的自主性，並不必然要流入文化相對主義，而且即使我們接受某種程度的文化相對主義，也不必然要把它推向邏輯的極端，上述的危險不是無法避免的。我們強調文化的自主性，並不涵蘊文化史決定一切的意識，只不過是為了修正以前社會經濟文化的偏激之論而已。」〔註50〕而且在實際的史學研究中，更多的表現出了一名史學家的理性，對經濟，政治，地理等因素在歷史發展中的作用給予了充分的肯定。在早年，他對此就有警覺：「（從董狐的故事）我們倒可以從這一例證中瞭解柯氏之歷史觀發展到極端——即從無行動中推出人之思想——是十分危險的。」「史學與自然科學最大不同之處在於史學致知的對象早已成為過去，不能再供人直接觀察。同時，史學的科學化又不允許史家不加批判的接受前人的見證（testimony）。在這種限制下，史家所能確實把握的致知對象便只能是古人的思想了。」〔註51〕但他接著指出：思想必須來源於行動。

（二）經濟，政治，地理因素在歷史發展中的作用

　　余英時是著名的思想史家，有些人認為他對經濟等因素並非很重視，其實恰恰相反，他反對的是經濟決定論，並非是否認經濟在歷史發展中的作用。他說：「（1953 年）我當時的興趣是研究漢魏南北朝的社會經濟史，由錢先生任導師，錢先生仍一再叮嚀，希望我不要過分注重斷代而忽略貫通，

〔註48〕余英時：《儒家倫理與商人精神》，廣西師範大學出版社，2004 年，第 66 頁。
〔註49〕余英時：《史家史學與時代》，廣西師範大學出版社，2004 年，第 119 頁。
〔註50〕余英時：《文化評論與中國情懷（上）》，廣西師範大學出版社，2006 年，第 276 頁。
〔註51〕余英時：《史家史學與時代》，廣西師範大學出版社，2004 年，第 156 頁。

更不可把社會經濟史弄得太狹隘，以致與中國文化各方面的發展配合不起來，這仍然是『通』與『專』之間的問題……」〔註52〕又說：「1955年我初到美國，那時我的興趣偏向社會經濟史，錢先生在10月17日的信中指示我：「弟在美盼能有機會多留心文化史及文化哲學一方面之研究，社會史、經濟史必從全部文化著眼始能有大成就。」這是中國傳統所強調的「先識其大」。〔註53〕早年的《漢代貿易與擴張——漢胡經濟關係結構的研究》是其經濟史的代表作。在自序中，他指出：「我在本書中嘗試以貿易與擴張之間的相互作用為中心主題，對漢代與胡族之間的經濟關係進行系統的描述。」在本書具體歷史現象考察時也十分重視經濟的作用。如，在考察匈奴入侵原因時認為：「經濟上的依賴性似乎一直是造成匈奴侵奪邊境和發動征服戰爭的主要原因。」〔註54〕又如，在考察漢代向西部擴張原因時，余英時認為：「從漢廷的觀點看，很顯然，向西部的擴張主要是受政治和軍事方面的考慮所驅動的，不過，當我們在考察張騫之後派往西域的各個使者時，立刻就很清楚，經濟目的肯定也起了同樣的重要的作用。」〔註55〕

20世紀80年代，余英時在討論漢代循吏何以能自出心裁以推行教化的問題，他指出：「從較大的歷史背景來說，我們首先自然要考慮到社會經濟的一般狀況……其次，較為具體的是政治制度的背景。」到了20世紀90年代，他對馬克思評價時說：「在今天看來，馬克思的貢獻首先在於明確地指出人的社會意識與社會結構（特別是階級結構）之間有一種深刻內在關聯，這是以前研究思想史的人所不曾注意到的問題。」〔註56〕這裏的社會結構也是就經濟史而言的。「然則士大夫內心自覺雖絕非經濟基礎一點所能完全決定，但後漢中葉以來士人一般經濟狀況之漸趨豐裕與生活日益悠閒，亦必曾助長內心之自覺，並影響及士風與思想之轉變，殆無疑也。」〔註57〕

經濟因素在歷史中固然有很重要的作用，但應該注意到，古代社會和現

〔註52〕余英時：《現代學人與學術》，廣西師範大學出版社，2006年，第75頁。

〔註53〕余英時：《現代學人與學術》，廣西師範大學出版社，2006年，第181頁。

〔註54〕余英時著，鄔文玲等譯：《漢代貿易與擴張》，上海古籍出版社，2005年，第42頁。

〔註55〕余英時著，鄔文玲等譯：《漢代貿易與擴張》，上海古籍出版社，2005年，第116頁。

〔註56〕余英時：《中國知識人之史的考察》，廣西師範大學出版社，2004年，第167頁。

〔註57〕余英時：《中國知識人之史的考察》，廣西師範大學出版社，2004年，第255頁。

代社會的不同。何懷宏認爲：「『傳統社會』的時代，經濟因素所起的作用看來就沒有在『現代社會』所起的作用這樣大……經濟因素在傳統社會中實際上變化的相當緩慢……經濟的飛躍在中國只是近十幾年，或至多幾十年的事情，在西方也是近一二百年的事情。而在中國數千年的歷史中，社會、政治、文化等許多層面都發生了大得多的變化。」〔註58〕余英時在中國古代史學研究中對經濟的認識對我們應該是有啓發的。

　　政治在歷史發展中的作用，余英時是如何認識的呢？在 20 世紀 50 年代，他指出：「翻開幾千年來的人類歷史、政治一直是最熱鬧的一頁；有人說中國的歷史只是帝王家譜，其實西方的歷史也同樣是以政治活動爲中心的。」〔註59〕他認爲政治在中西方歷史中都很重要。但到 20 世紀 70 年代略有變化，余英時認爲中國歷史中的政治傳統是很有特點的。「講中國歷史的特質，我們首先要注意這個相當特殊的政治傳統，這不是價值問題，而是事實。」〔註60〕「資本主義不出現，近代科學不發達都或多或少和這個獨特的政治傳統有關。因此，我希望大家多研究中國的政治史，不要存一種現代的偏見，以爲經濟史或思想更爲重要。」〔註61〕到了晚年的巨著《朱熹的歷史世界》更是政治史與文化史互動的典範。

　　對於地理在歷史中的作用，余英時也是十分重視的。在討論中國文化的形成中，他認爲：「地理環境無疑能影響文化的起源及發展的原始形態。」但他並不是主張地理決定論。又如，研究東漢政權與士族大姓關係時，余英時說：「關於士族大姓之地理分佈上表亦略有暗示。邊郡如西北、西南、以及北方之一部分，因人口較稀，士族大姓不多，故起事者亦甚少，而且容易形成少數士族大姓割據或獨霸之局。至於中心地區以及東南諸郡（尤其是現在陝西、河南及山東的一部分），因係政治文化，經濟各方面的中心，人口稠密，士族大姓林立，所以起事者極多，擾亂最甚。」〔註62〕「兩漢書論循吏和酷吏的消長以及政風的變遷都歸於個別君主的政治傾向與不同時期的社會狀態，而後世論者尤重視君主的影響力。這兩者之間的關係當然是很密切的，

〔註58〕何懷宏：《問題意識——當代博士生導師思辨集粹書系》，山東友誼出版社，2005 年，第 140 頁。

〔註59〕余英時：《民主制度與進代文明》，廣西師範大學出版社，2006 年，第 252 頁。

〔註60〕余英時：《史家史學與時代》，廣西師範大學出版社，2004 年，第 114 頁。

〔註61〕余英時：《史家史學與時代》，廣西師範大學出版社，2004 年，第 114 頁。

〔註62〕余英時：《史家史學與時代》，廣西師範大學出版社，2004 年，第 24 頁。

否則何以酷吏多出現在武帝之世？但是除了帝王個人和時代的因素之外，我們也必須注意地域性的差異。中國各地風俗不同，有宜於寬治而用循吏者，有宜於嚴治而用酷吏者；更有宜先嚴後寬或先寬後嚴者，則循吏、酷吏交互爲用。」〔註63〕「總之，東漢末葉以來，洛地士大夫皆自成集團，此可與前文論交遊結黨之風相互參證者也。此種風氣雖非地域分化一觀念所能完全解釋，然地域分化必成爲其中一要目則殊無可疑。」〔註64〕在這裏，余英時從地理因素對歷史進行了解釋。我們看到，大陸史家對地理在中國古代歷史中的作用也給予了充分重視。〔註65〕

余英時贊成多因論，反對決定論，一個重要的原因是對唯物史觀決定論持有異議。應當指出是他所理解的唯物史觀決定論是有誤解的。馬克思承認生產力在人類歷史發展中具有決定作用，但生產力是存在於人的活動之內的，也就是說生產力本身具有屬人性，就這一點而言，與余英時的人文主義有相同之處。另外，和許多批評者一樣，他把馬克思的歷史決定論混同於機械決定論了。其實馬克思的歷史決定論是辯證的決定論，正如楊耕指出的那樣：「它確認經濟必然性會在政治、文化等社會要素的反作用下發生某種程度的『變形』，並且認爲歷史必然性要通過偶然性才能實現。」〔註66〕馬克思對此也有精闢的論述：「如果『偶然性』不起任何作用的話，那麼世界歷史就會帶有非常神秘的性質，這些偶然性本身自然納入總的發展過程，並且爲其他偶然性所補償。」〔註67〕余英時是歷史學家，和其他史學家一樣，都相信歷史事情的單一性，所以反對歷史必然性。其實，「歷史事件」不同於「歷史現象」，楊耕認爲：「歷史事件是『一』，歷史現象是『多』，在這『多』的背後存在著只要具備一定條件就會重複起作用的歷史必然性。……必然性重複的只是同類歷史事件中的共同的本質的東西。」〔註68〕當代學者俞吾金也認爲，我們理解的唯物史觀的經典表述是不全面的。無論是馬克思在《政治經濟學

〔註63〕 余英時：《儒家倫理與商人精神》，廣西師範大學出版社，2004年，第62頁。
〔註64〕 余英時：《中國知識人之史的考察》，廣西師範大學出版社，2004年，第224頁。
〔註65〕 白壽彝主編：《中國通史》（導論卷），上海人民出版社，1989年。
〔註66〕 楊耕：《爲馬克思辯護——對馬克思哲學的一種新解讀》，北京師範大學出版社，2004年，第172頁。
〔註67〕 《馬克思恩格斯選集》，第2版第4卷，人民出版社，1995年，第393頁。
〔註68〕 楊耕：《爲馬克思辯護——對馬克思哲學的一種新解讀》，北京師範大學出版社，2004年，第175～176頁。

批判》序言還是恩格斯 1890 年做的新表述，只是就具體的問題而說明，俞吾金認爲唯物史觀應該還包括他們對具體的歷史事變的分析。即「從歷史事變和進程的各個發展階段中選出決定不同階段的基本發展方向的主導性因素。在歷史事變中，經濟因素只是在間接的，歸根到底的起作用。」〔註 69〕歷史如果在某種程度上沒有必然性，超越性，那麼余英時和其他史學家研究歷史反而就不可理解了。

第三節　歷史與現實關係的互動

　　研究歷史，關注現實應該說始終是中國歷史的傳統。臺灣史家王爾敏曾列舉了 18 條古代的證據論證「鑒往知來」。〔註 70〕就近代以來，維新派借歷史談現實，鼓吹變法。後來的中國社會性質，社會史論戰多圍繞現實展開，抗戰史學的興起，也是如此。新中國成立後歷史與現實關係備受重視，開展了「厚今薄古」與「厚古薄今」、「打破王朝體系」等問題的論爭。「文革」中的影射史學是極端發展的結果。20 世紀 80 年代的「史學」危機的討論再次引發了學者們對歷史與現實的關注。就當代美國中國學界看，它也是「建立在複雜的現實基礎之上，即明顯具有『地緣政治』的狀態，歷史研究往往變成了現實關懷的投射」。〔註 71〕

　　重視歷史與現實的關係，也是余英時歷史理論中一個比較顯著的特色。歷史與現實的關係究竟如何呢？在 20 世紀 50 年代，余英時認爲：「歷史並不必然是重複的，但今天我們所面臨的經濟問題，卻與文藝復興、宗教革命時代的人們所面臨者，正復量異而質同。鑒往所以知來，我希望讀者們對於此能作一番獨立而客觀的思考。」〔註 72〕歷史是否必然重複，余英時在此並未做出明確的回答，但他認爲本質上的東西是可以相同的。到了 20 世紀 90 年代，他在研究戊戌變法問題時再一次指出：「克羅齊有一句名言：『一切歷史都是現代史。』我們今天重溫百年前戊戌的往史，無論怎樣力求客觀，終不

〔註69〕俞吾金：《重新理解馬克思——對馬克思哲學的基礎理論和當代意義的反思》，北京師範大學出版社，2005 年，第 180 頁。

〔註70〕王爾敏：《20 世紀非主流史學與史家》，廣西師範大學出版社，2007 年，第 10 〜11 頁。

〔註71〕楊念群：《昨日之我與今日之我——當代史學的反思與闡釋》，北京師範大學出版社，2005 年，第 9 頁。

〔註72〕余英時：《民主制度與進代文明》，廣西師範大學出版社，2006 年，第 160 頁。

能完全不受當前經驗的啓示。事實上，讀史者以親身經歷與歷史上相近的事變相互印證，往往可以對史事引發更深一層的認識，這已是史學上公認的常識。」〔註 73〕「具體的歷史事件絕不可能重複上演。但是在某些客觀條件大體相近的情況下，我們也不能否認歷史的演變確有異代同型的可能……」〔註 74〕在 20 世紀 50 年代，研究柯林伍德歷史哲學時，他說：「歷史的過去與現在之間實有一條可以通達之路。否則我們將無從認識過去。」〔註 75〕的確，歷史從總體上講是連續性的，余英時從這個角度認識歷史與現實的關係也是可取的。20 世紀 80 年代初，他在對中國史學反思時也再次聲明：「其次，我們肯定歷史是一個發展的過程……最後，我們肯定在古與今，過去與現在（包括某種限度的未來）之間是相通的；這一肯定的最重要的根據之一便是剛才提到的歷史延續性，我們強調史學與時代之間必須維持一種適當的關係，主要還是著眼於此。」〔註 76〕今天後現代史學更注重歷史斷裂性的研究，但的確不應該否認歷史的連續性，這應該是一個問題的兩面。

此外，余英時在這裏特別強調了時間的過去、現在和未來的綿延性，尤其是注意到了未來問題。當代學者何懷宏批評了現代人無視歷史與現實的聯繫：「這個『時代』甚至也不耐傾聽到歷史，它是立足於現在的，平面的，即時的，與歷史傳統明顯有一斷層乃至決裂」，〔註 77〕他認爲：「在時間的長流中，過去、現在和未來實際是一體的，從連續性角度觀察，過去總是要向未來開放，被現在解釋；而現在和未來又常常已包含在過去之中」〔註 78〕當代學者朱本源認爲，歷史、現實與未來的關係應當隨時代變化而變化，現在歷史應更多與未來相聯繫，因爲：「我們所以重視歷史思維之取向於歷史進步，乃因爲這種思維正符合於信息時代的一般思維方式。……到了信息時代，科學技術的發展一日千里，生產和生活上的事瞬息萬變。從現實出發制

〔註 73〕余英時：《文化評論與中國情懷（下）》，廣西師範大學出版社，2006 年，第 67 頁。

〔註 74〕余英時：《文化評論與中國情懷（下）》，廣西師範大學出版社，2006 年，第 70 頁。

〔註 75〕余英時：《史家史學與時代》，廣西師範大學出版社，2004 年，第 132 頁

〔註 76〕余英時著，何俊編，李彤譯：《十字路口的中國史學》，上海古籍出版社，2005 年，第 91 頁。

〔註 77〕何懷宏：《問題意識——當代博士生導師思辨集粹書系》，山東友誼出版社，2005 年，第 3 頁。

〔註 78〕何懷宏：《問題意識——當代博士生導師思辨集粹書系》，山東友誼出版社，2005 年，第 133 頁。

定的政策在實行上往往落後於發展變化的現實。所以，思維方式必須面向未來。」〔註79〕歷史、現實和未來的關係隨時代的不同也發生相應的變化，包括余英時在內的學者已經感受到了這一新趨勢。

　　20世紀70年代，余英時在研究中國古代「反智」現象時對歷史與現實關係進一步思考，「（反智論）我不否認它確有現實的背景，但還要加以進一步的澄清。首先必須指出，中國政治傳統中的確存在著『反智』的現象，如果歷史本無此現象，而歷史工作者由於當身現實的感觸，確把『反智』的名詞套在中國歷史上去，那便是歪曲歷史，而不是研究歷史了……中國政治傳統中雖有反智的現象，但是若不是由於現實的刺激，大概也不會特別引起我對這一現象的注視並加以系統的清理，每一時代有每一時代的史學，都和現實關係，其道理便在此，然而追究到最後，歷史仍有其客觀的根據，不是任何史學工作者所能向壁虛構的。」〔註80〕首先他肯定了歷史是連續的，歷史與現實是相關的，因現實研究歷史是正確的。同時他進一步強調，千萬不能為了現實而歪曲歷史。當代學者林家有認為：「史學研究應當面向現代化、面向世界、面向未來，應當從現實出發研究歷史。歷史沒有使用價值，但歷史可以幫助我們理解現實，同樣現實也可以關照歷史，歷史可以為知人論世拓展空間……歷史不能脫離現實，只要我們從學術上將歷史發生過的事情從事實上搞清楚，從學理上作出符合實際的解釋，從正反兩個方面總結經驗教訓，這對於人類的文明發展就是貢獻。」〔註81〕20世紀70年代末80年代初，余英時有感於國內「影射史學」的影響，指出：「反『影射史學』運動中，不難看出中國歷史學家的熱誠和嚴肅，他們把從1966年『文革』開始以來喪失的理性帶回歷史研究中。所有迹象表明，中國的史學家已開始重新意識到，在歷史與現實之間應該始終保持一段適當的，有利於彼此健康發展的距離。把歷史上的孔子和現實聯繫起來，不僅危害歷史學科，而且對於歷史所服務的社會事業也是災難性的。這一點已得到證明。」〔註82〕「史觀學派因為完全從現實政治的要求出發，最後必然地模糊了過去與現在之間的界線，並從而否定了歷史的客觀性，為應付眼前需要所寫出來的歷史，雖然表面上是在分

〔註79〕朱本源：《歷史理論與方法》，人民出版社，2007年，第200頁。
〔註80〕余英時：《史家史學與時代》，廣西師範大學出版社，2004年，第337～338頁。
〔註81〕林家有：《史學方法》，中山大學出版社，2002年，第14頁。
〔註82〕余英時著，何俊編，李彤譯：《十字路口的中國史學》，上海古籍出版社，2005年，第12頁。

析過去，但實質上則處處是影射現在……一方面，對於史學應當配合時代這種觀點，我們基本上是同情的；但是另一方面，我們強調，史學和現實之間又必須保持適當的距離。史學對我們可以有啓示，有昭戒，然而並不能直接爲現實服務。史學作爲一門學術而言是有其紀律和尊嚴；破壞了這個紀律不僅毀滅了史學，而且也混亂了現實。」〔註 83〕這些認識和思考值得我們認真反思。

　　歷史與現實關係之所以很難說清楚，實際上也牽涉到其他的歷史理論問題。如，歷史發展的方向問題，如果歷史是循環的，那現實就有可能完全等同於歷史，余英時作爲一名現代史家，顯然不同意此觀點。如果歷史是進化的，現實就不可能等同於歷史。另外一個問題是歷史是斷裂的還是連續的，斷裂的歷史中現實與歷史沒有聯繫。余英時如何認識的呢？前面我們已經論述過余英時的進化史觀，即他承認歷史在變，「從史學觀點來檢討傳統，則古今中外一切傳統沒有不變的。」但同時「傳統雖永遠在改變之中，但其間終有不變者在，否則將無傳統可言。」〔註 84〕在這裏他已經將看似矛盾的問題化解了。「但是由於在概念上過分強調了『傳統』與『近代』之間的斷裂，一般的說，這些研究不足以充當承擔『通古今之變』的史學任務。所以我們今天有必要去開闢新的視野，重新檢討明清社會史與政治史，並追尋明清漸變與現代劇變之間的內在聯繫。」〔註 85〕

〔註 83〕 余英時著，何俊編，李彤譯：《十字路口的中國史學》，上海古籍出版社，2005年 7 月，第 80～81 頁
〔註 84〕 余英時：《史家史學與時代》，廣西師範大學出版社，2004 年，第 97～98 頁。
〔註 85〕 余英時：《儒家倫理與商人精神》，廣西師範大學出版社，2004 年，第 163 頁。

第四章　余英時的史學理論

第一節　史學中的主客統一論

（一）史學是人文科學

史學是什麼？有人認爲史學是科學，也有人認爲史學是藝術，還有人認爲兩者兼而有之。在後現代史學之前，已有爭論，今天爭論更爲激烈。史學的性質問題在西方開始於 19 世紀，當代學者杜維運認爲：「歷史是科學還是藝術，是 19 世紀以來西方史學界爭論最激烈的一個問題。」〔註 1〕當代學者張越將中國近現代史有關此問題的探討劃分爲四個時期。初步提出的以王國維爲代表，重視並形成爭議是在五四時期。當時力主歷史學與自然科學不同，不是自然科學那樣的「科學」的學者有梁啓超、何炳松，主張歷史學是科學的是李大釗，認爲歷史學即是科學又是藝術的以張蔭麟爲代表。第三個時期是二十世紀三四十年代，第四個時期是二十世紀九十年代，以「何龐之爭」爲發端。何認爲史學有兩重性，龐對何提出的史學第一個層次「屬於自然世界」表示質疑，但贊同何的第二層次，即史實理解和詮釋是史學的生命和主體。〔註 2〕而杜維運說：「歷史是科學還是藝術的爭辯，帶來的一項歷史既是科學又是藝術的中和性的結論，是不能令人滿意的。……歷史是一門綜合性的學術，它包括任何學術，但不等於任何學術，它不是科學，不是藝術，

〔註 1〕　杜維運：《史學方法論》，北京大學出版社，2006 年，第 30 頁。
〔註 2〕　張越：《五四時期中國史壇的學術論辯》，百花洲文藝出版社，2004 年，第 326
　　　　～398 頁。

也不是任何其他學術，歷史就是歷史，歷史女神克麗歐永遠凜凜不可侵犯。」〔註3〕。葛劍雄認爲：「歷史不僅是指過去的事實本身事實的有意識，有選擇的記錄。而對於歷史的專門性研究，就是歷史學，簡稱『史學』也可以稱之爲歷史科學。」〔註4〕

余英時是如何看待這一問題的呢？在50年代，他說：「歷史學是對於種種具體而又變動不居的對象全幅地加以推理的知識。」〔註5〕王爾敏認爲：「歷史者，人類留存之重要活動記錄，足以參酌而資以瞭解過去與未來者。」〔註6〕王爾敏並對傳統史學的界說——六經皆史；近世史學——人類活動現象之記錄；現代學者——歷史是推理之科學，一一進行了分析。並特別贊同余英時的主張。〔註7〕

余英時又說：「歷史學雖是一種科學，卻是一特殊種類的科學」，「歷史是一種有組織的學問，此點已無可疑，說歷史是有組織的學問也就等於說它是一種推理的學問，因爲二者的含義相同，只是說法互異而已。」〔註8〕並用章學誠論《春秋》一例說明他認爲什麼是歷史學，史學必爲一種學問。余英時在這裏承認史學是科學，但以「特殊種類」加以限定，實際上承認史學是人文科學，並未超出前人的論述。他在《方以智晚節考》自序中從史學功能角度論述了史學：「史者，知人論世之學也。」到了20世紀70年代初，在新亞講演時他將史學歸爲兩個層次，認爲「我們研究歷史的人，相信有客觀的事實，這是史學的一個層次——科學層次……根據同樣的事實，不一定得出同樣的結論。因爲史義屬於另一個層次——即哲學的層次」〔註9〕這顯然比20世紀50年代對史學認識更加成熟。史學這兩個層次自然涉及到證據和論證，究竟哪個占主導地位呢？後來他認爲：「史學論著必須論證和論據兼而有之，此古今中外之所同。不過二者相較，證據顯然佔有更基本的地位。證據充分而論證不足，其結果可能是比較粗糙的史學；論證滿紙而證據薄弱則不能成

〔註3〕 杜維運：《史學方法論》，北京大學出版社，2006年，第35～36頁。
〔註4〕 葛劍雄、周筱贇：《歷史學是什麼？》，北京大學出版社，2002年，第72頁。
〔註5〕 余英時：《史家史學與時代》，廣西師範大學出版社，2004年，第134頁。
〔註6〕 王爾敏：《史學方法》，廣西師範大學出版社，2005年，第84頁。
〔註7〕 王爾敏：《史學方法》，廣西師範大學出版社，2005年，第88～92頁。
〔註8〕 余英時：《史家史學與時代》，廣西師範大學出版社，2004年，第136～137頁。
〔註9〕 余英時：《史家史學與時代》，廣西師範大學出版社，2004年，第91頁。

其爲史學……」〔註 10〕不難看出，證據即客觀事實最爲重要。

（二）史學中的主客統一論

19 世紀以來，史學一直在追求客觀性，儘管也有不同的聲音，開始並不很強大。20 世紀以後，史學客觀性問題受到的衝擊越來越明顯，20 世紀 80 年代以來大陸史學界對此問題也有過許多探討。總的來看，史學中的主觀與客觀問題仍是史學理論中十分棘手的問題。

20 世紀 70 年代，余英時在新亞書院發表了「史學　史家與時代」的演講，對西方有關史學主客觀問題的研究進行了回顧，他指出：認爲一個人的教育、背景、價值觀念都會無形中影響到史家對史料的選擇，提出，甚至思維。所以「歷史學上有一個主觀的因素，解釋性的因素，這個因素是驅除不去的，只要有史家在，就沒有辦法完全去掉。」〔註 11〕那麼，「是不是說歷史是完全主觀的東西呢？可以隨心所欲呢？是不是我們對死人開的玩笑呢？我想，也不是的」〔註 12〕他認爲有一套很精密的從事文獻研究的方法做保證。在史學研究中，如何處理主客觀的關係呢？余英時以卡爾的《什麼是歷史》一書中的思想進行了說明。他強調卡爾的觀點說：「主觀與客觀是互相影響的，史學家影響到事實，事實當然也影響到史學家對問題的考慮，所以這是一個互相的關係，一個動態的關係。」〔註 13〕余英時接著指出應當化主觀爲客觀，「自覺的主觀便不致影響到歷史的客觀性」，因爲「每個人既然不能避免主觀，那麼最可能做的事，就是把主觀的問題，把基本的假定提到一個明確的境地來，提到一種自覺的狀態來。假借客觀的外形，來隱藏著一種主觀，這對史學發展來說是不利的。」〔註 14〕

20 世紀 80 年代初，余英時在研究中國現代史學時，對主客觀問題又進行了思考。「最近幾十年西方的史學觀念在劇烈的變動之中……它所針對的主要仍是史學中的主觀與客觀的問題……就中國史學的傳統而言，我們並沒有嚴重的主客觀對立的問題。中國史學一方面固然強調客觀性的「無證不信」，另一方面也重視主觀性的「心知其意」。〔註 15〕他認爲中國古代史學主

〔註 10〕余英時：《儒家倫理與商人精神》，廣西師範大學出版社，2004 年，第 225 頁。
〔註 11〕余英時：《史家史學與時代》，廣西師範大學出版社，2004 年，第 84 頁。
〔註 12〕余英時：《史家史學與時代》，廣西師範大學出版社，2004 年，第 84 頁。
〔註 13〕余英時：《史家史學與時代》，廣西師範大學出版社，2004 年，第 87 頁。
〔註 14〕余英時：《史家史學與時代》，廣西師範大學出版社，2004 年，第 87 頁。
〔註 15〕余英時：《現代學人與學術》，廣西師範大學出版社，2006 年，第 393～394

客觀是統一的，希望以此來化解主客對立的問題。在《中國史學的現階段：反省與展望》一文中，他指出：「兩千年前，司馬遷『通古今之變，成一家之言』這兩句話早已接觸到史學上客觀或主觀問題的核心。『古今之變』是客觀的歷史；而司馬遷用他的『一家之言』來『疏通』『古今之變』則是史學家的主觀解釋。但是對《史記》而言，司馬遷的主觀解釋不但絲毫無損於歷史的客觀，反道照明了『古今之變』……所以《史記》是中國史學傳統中『疏』『證』結合，主觀與客觀交融的一個成功的範例。而司馬遷之所以能有此輝煌的成就則不能不部分地歸功於他對自己所處的時代有一種極深刻的感受……史學的主觀與客觀在這裏不是對立而是統一的。」〔註16〕在研究胡適時，他認爲：「思想史家『評判』古人的『義理是非』，其根據絕不應該是自己所持的另一套『義理』。如果以自己的『義理』來『評判』古人的『義理』，那便眞的是變成『以一種成見去形容其他的成見』了。思想史家『評判』的根據只能來自他對思想史本身的瞭解，主觀與客觀在這裏是統一的」。〔註17〕在現代史家中有沒有能做到的呢？余英時認爲其師錢穆是典範，「今天研究文化，客觀的實證和主觀的體會兩者不可偏廢，因此研究者必須一方面出乎其外，另一方面又入乎其內，最後才能達到主客的統一……錢先生對於中國文化和歷史的研究正是主張內外兼修以求主客統一……」〔註18〕

　　90 年代以後，余英時認爲：「中國考證的史學傳統雖然也追尋實證的知識，但是和美國的主流卻有一點重要的不同之處，即沒有西方那一套知識論的預設。美國史學家一提到『歷史客觀性』的觀念，便往往使人聯想到下面種種預設；如歷史世界客觀獨立於研究者的意識之外；歷史世界由歷史事實所構成，因此歷史事實也是獨立客觀的，不受研究者的主觀解釋的影響；歷史世界是獨一無二的，研究者所能發現的歷史眞理只有一個，因爲歷史眞理必須符合歷史世界的實相；研究者對於歷史所提出的解釋是否與事實相符合，完全看它對於一切相關的歷史事實是否能處理得面面俱到，如果解釋與事實之間發生衝突，則必須尊重事實，放棄解釋；研究者自覺地清除一切偏見並運用嚴格的批評方法，不但可以從現存史料中建立事實，而且可找出史

頁。

〔註16〕余英時著，何俊編，李彤譯：《十字路口的中國史學》，上海古籍出版社，2005年，第 79～80 頁。
〔註17〕余英時：《現代學人與學術》，廣西師範大學出版社，2006 年，第 243 頁。
〔註18〕余英時：《現代學人與學術》，廣西師範大學出版社，2006 年，第 10 頁。

實之間的因果關係。總之，事實與價值之間，歷史與虛構之間，存在著一道不可逾越的界線」。並進一步指出：「我們當然不難看出，所謂『歷史客觀性』的問題基本上是實證主義知識論在史學領域內的延伸。」在這裏，余英時指出了歷史主客觀問題的淵源。〔註19〕

隨著史學的發展，余英時偶爾也流漏出一點猶豫：「我的史學訓練不允許我完全拋卻對於歷史客觀性的追求。儘管客觀性現在越來越受到懷疑，但徹底否定它，我便失去專業的立足點了。」〔註20〕但總體而言還是有信心的，「史學家誠然不可能重建客觀的歷史世界，但理論上的不可能並不能阻止他們在實踐中去作重建的嘗試，這種嘗試建立在一個清醒的認識之上；歷史世界的遺迹殘存在傳世的史料之中，史學家通過以往行之有效和目前尚在發展中的種種研究程序，大致可以勾畫出歷史世界的圖象於依稀彷彿之間。同一歷史世界對於背景和時代不同的史學家必然會呈現出互異的圖象，因此，沒有任何一個圖象可以成為最後的定本。……但歷史世界的圖象畢竟不能與文學或藝術上的虛構完全等量齊觀，因為它受到歷史證據的內在制約，否則不僅不同圖象之間將失去評判的共同標準，而且我們也沒有任何根據可以不斷修改史學界目前接受的一切圖象了。」〔註21〕

余英時也認識到了主客統一問題的困難。「我們沒有理由把歷史上真實地存在過的人的主觀嚮往排除於史學的範圍之外。在史學研究中要求達到主客交融，恰如其分的境界，是極為困難的事。蘭克在《拉丁與日爾曼民族史》的自序中便坦白地承認了這一點。但是他依然強調這是史學家必當努力企攀的境界。」〔註22〕主客統一的問題這種努力類似數學的極限問題，只有更好，沒有最好。

歷史的主客觀問題涉及到歷史解釋，那麼余英時又是如何認識的呢？20世紀80年代，他說：「對於同一歷史的變動，史學家根據他們對史實本身及其相互之間的不同理解，往往提出不同的解釋（explanantion）。這是史學發展的常態。歷史解釋不但因時代而變，而且即使在同一時代也紛然雜陳，不易歸於一是。無論是異代還是同時，總之史學是脫離不了時代的。……史學

〔註19〕余英時：《現代學人與學術》，廣西師範大學出版社，2006 年，第 106～107頁。

〔註20〕余英時：《宋明理學與政治文化》，廣西師範大學出版社，2006 年，第 306 頁。

〔註21〕余英時：《中國知識人之史的考察》，廣西師範大學出版社，2004 年，第 321頁。

〔註22〕余英時：《史家史學與時代》，廣西師範大學出版社，2004 年，第 126 頁。

與時俱變，史學家的解釋也往往互有出入，那麼歷史究竟有沒有客觀性呢？其實歷史的客觀性是根本不容懷疑的。史學家從各種不同的角度來觀察歷史，只有使歷史的客觀面貌越來越清楚。」〔註23〕20世紀90年代，他對歷史解釋有了新的思考：「經典之所以歷久而彌新正在其對於不同時代的讀者，甚至同一時代的不同讀者，有不同的啟示。但是這並不意味著經典的解釋完全沒有客觀性，可以興到亂說。『時代經驗』所啟示的意義是指significance，而不是 meaning。後者是文獻所達的原意；這是訓詁考證的客觀對象……significance 則近於中國經學傳統中所說的『微言大義』，它含蘊著文獻原意和外在事物的關係。這個『外在事物』可以是一個人、一個時代，也可以是其他作品。總這，它不在文獻原意之內。因此，經典文獻的 meaning『歷久不變』，它的 significance 則『與時俱新』。當然，這兩者在經典疏解中常常是分不開的。而且一般地說，解經的程序是先通過訓詁考證來研究其內在的 meaning，然後再進而評判其外在的 significance。但是這兩者確屬於不同的層次或領域。」〔註24〕這種區分是有啟示性的。

歷史的主客觀問題還涉及到史學家的史德。余英時對史德如何認識的呢？「所以我講史家的責任，是因為史學裏面，特別有主觀因素，個人的因素……史學家的主觀既存在於他的作品之中，則他個人對人類，對社會很有影響。如果本身修養壞，本身的缺點不加以克制，對自己不能加以約束，那麼他所產生的影響是很壞的。所以，西方的史學家現在也提倡這一點。像前面舉的例子，認為史學家要重視人生，熱愛人生，其含義即在此。學歷史的人，至少應該有嚴肅感，尊嚴感，對生命有嚴肅感，才能真正懂得歷史；有嚴肅感的人，對他的時代，必須密切地注意，決不能將自己關在書房裏，只管書桌上的事。一般來講，大的史學家，他對時代的感覺是緊密的……正因為史學上主觀因素的重要，因此他自己特別應該自律，不要隨便放筆亂寫。」〔註25〕所以章學誠特別提倡史德，今天史家的史德是什麼呢，我們可以因人而異，不過，至少，做學問應該忠誠於他所研究的對象，忠誠於他的結論，不要為現實，為個人的私念而改變他研究歷史所得到的結論。〔註26〕

〔註23〕余英時著，何俊編，李彤譯：《十字路口的中國史學》，上海古籍出版社，2005年，第78～79頁。

〔註24〕余英時：《史家史學與時代》，廣西師範大學出版社，2004年，第344頁。

〔註25〕余英時：《史家史學與時代》，廣西師範大學出版社，2004年，第92～93頁。

〔註26〕余英時：《史家史學與時代》，廣西師範大學出版社，2004年，第93頁。

第二節　「通古今之變」的史學目的論

　　史學研究的目的是什麼，是為了現實？還是為了客觀的瞭解過去？這兩種觀點歷來被認為是截然不同的。在 20 世紀 70 年代，余英時認為：「我正是企圖從上述兩派（戴、章）的愛憎糾纏中解脫出來，希望可以達到一種『同情的瞭解』的境地，研究思想史不是為了『打倒』什麼或『擁護』什麼。研究者更不能用自己以為是高深或正確的理論籠罩古人⋯⋯可見上面所說的『理性』和『容忍』在學術思想史的研究方面也是十分需要的。」〔註27〕「同情的瞭解」顯然是一種客觀的態度。在 20 世紀 90 年代，余英時表達了同樣的觀點，「作為一個史學工作者，我的目的不是要美化中國知識分子的歷史形象，更不是說中國歷史上的所有知識分子都合乎這種典型⋯⋯但是現代史學家的任務也同樣不是譴責歷史上的人物，最重要的是怎樣去說明這種歷史現象，因此我們便必須回到社會史的領域去尋找線索。」〔註28〕所以，余英時說「史學研究以求得具體的知識為第一要義，不是專為其他領域內的人提供抽象談論的資料的。」〔註29〕

　　我們知道，余英時向來認為歷史是連續的，歷史與現實是有聯繫的，故他也不可能在史學研究中只為過去而研究歷史。20 世紀 80 年代時在評價陳寅恪時他指出：陳寅恪具有「『通古今之變』的史學精神」。〔註30〕20 世紀90 年代，在研究明清社會史與思想史時，他明確提出：「從明清的『內在漸變』與近代的『變局』之間的關係著眼，歷史向我們提出了『通古今之變』的新要求。⋯⋯由於在概念上過分強調了『傳統』與『近代』之間的斷裂，一般地說，這些研究還不足以充分承擔「通古今之變」的史學任務。所以，我們今天有必要去開闢新的視野，重新檢討明清社會史與政治史，並追尋明清漸變與現代劇變之間的內在關聯。〔註31〕「陳先生卻並不因為要『在歷史中尋求歷史的教訓』，便歪曲歷史的真相以達到所謂『古為今用』的目的。⋯⋯他堅持史學家必須盡力保存歷史的客觀真相，不能稍有『穿鑿附會』。」「陳

〔註27〕余英時：《中國思想傳統及其現代變遷》，廣西師範大學出版社，2004 年，第341 頁。

〔註28〕余英時：《中國知識人之史的考察》，廣西師範大學出版社，2004 年，第 142～143 頁。

〔註29〕余英時：《儒家倫理與商人精神》，廣西師範大學出版社，2004 年，第 361 頁。

〔註30〕余英時：《現代學人與學術》，廣西師範大學出版社，2006 年，第 184 頁。

〔註31〕余英時：《儒家倫理與商人精神》，廣西師範大學出版社，2004 年，第 162～163 頁。

先生治史的目的在於『通古今之變』，並『在歷史上尋求歷史的教訓』，他絕不是用過去來影射現在。不過我們可以總結地說，凡是他感慨最深之處大概都是古典今事相通貫的所在，也是歷史最能夠提供教訓的地方。」〔註32〕

這兩種看似矛盾的觀點在余英時這裏是統一的，因爲只有客觀眞實的瞭解過去，才能眞正服務現實。

過分注重歷史與現實的關係也會產生不好的影響。余英時說：「徐先生之所以在《王莽傳》原文上如此橫生波瀾，也許和他的政治經驗不無關係。他對於現代中國的政治有深刻的瞭解。因此往往不免有以今度古的傾向。」〔註33〕

目的自然涉及史學功用。余英時堅持認爲史學是有用的，他說：「史學研究對今天有什麼用處的問題，從歷史上看，史學一定有用的，在政治上尤其有用。」〔註34〕當然形式可以不同，他指出：「或者也可說，歷史的影響，不一定直接來自史書本身，還可以從小說，如《三國演義》來。《三國演義》可以說它是小說，也是歷史，是用小說的形式寫歷史。《三國演義》對中國人也很有用的。西方的史學家，也都是承認 Sir waiter satt 的歷史小說對於西方讀者發生過很大的影響，所以從這些方面看，歷史確是有用的。」〔註35〕歷史的用處也要隨時代變化而變化，余英時說：「今天我們講歷史的用處，當然不只是爲了少數人，更不應該是爲了統治者來看這個問題，我們寫歷史，是爲了給大家看。」〔註36〕

就史學求眞和致用關係上看，余英時堅持兩者應當是統一的。當代學者劉家和也認爲：「史學之求眞與史學之致用互爲充分必要條件。」〔註37〕當代學者瞿林東認爲：「史學同有密切關係，史學家應當關心社會，並以經世致用作爲史學的宗旨。」〔註38〕他並把史學關注社會同「影射史學」作了區別：「史學關注社會是建立在史學求眞的基礎上，而影射史學則是以犧牲史學求眞的

〔註32〕余英時：《現代學人與學術》，廣西師範大學出版社，2006 年，第 217～218頁。

〔註33〕余英時：《史家史學與時代》，廣西師範大學出版社，2004 年，第 335 頁。

〔註34〕余英時：《史家史學與時代》，廣西師範大學出版社，2004 年，第 88 頁。

〔註35〕余英時：《史家史學與時代》，廣西師範大學出版社，2004 年，第 89 頁。

〔註36〕余英時：《史家史學與時代》，廣西師範大學出版社，2004 年，第 89 頁。

〔註37〕劉家和：《史學經學與思想——在世界史背景下對於中國古代歷史文化的思考》，北京師範大學出版社，2005 年，第 20 頁。

〔註38〕瞿林東：《中國史學史綱》，北京出版社，1999 年，第 841 頁。

原則達到歪曲歷史，爲陰謀政治服務的目的。」〔註 39〕但也有論者認爲完全不同的，當代學者葛劍雄認爲「我一直主張，應該把歷史研究和歷史運用區分開來。現在很多人往往習慣於用歷史運用者的目的來要求歷史研究者，這是完全錯誤的。其實歷史的研究不應該當存在有用與否的問題。」〔註 40〕

第三節　史學與哲學、社會科學的關係

史學與其他學科的關係，從總體上看，似乎沒有很大的分歧。余英時認爲：「我們一開始就史學是一種綜合貫通之學，必須從其他相關的各種學科吸取養料。」〔註 41〕但就與個別學科而言，分歧還是有的，特別是關係比較密切的哲學和社會科學。因爲「歷史學在現代學術分類中始終未曾獲得確定的身份：有人仍然把它歸於傳統的人文學一類，但也有乾脆把它劃爲社會科學的一支……歷史知識的性質之所以成爲問題正由於它是一門綜合性的學問。」〔註 42〕

史學與哲學的關系歷來是密切的。當代史家白壽彝認爲：「哲學往往向史學提供觀點和方法的啓發，史學往往向哲學提供經驗和事實上的依據，二者之間有著相互影響的關係。」〔註 43〕當代學者吳澤在主編的《史學概論》中指出：「史學和哲學的關係，不是並列的，而是指導和被指導的關係。」〔註 44〕但是，余英時早年在評「歷史哲學」時認爲，黑格爾、馬克思、斯賓格勒「這種哲學自亦有其價值，但是中國人對它的推崇卻似乎超過了它本身應有的限度。過分強調史學的哲學性，最好必然使史學流於空疏，失去任何客觀的標準。」〔註 45〕對於「過分強調史學的哲學性」，余英時一直是反對的。因爲「從史學的觀點說，過分強調『形態』、『規律』，最後必然流入只有形式而無內容，只有抽象而無具體，只有一般而無特殊的情況，用中國固有的

〔註 39〕瞿林東：《中國史學史綱》，北京出版社，1999 年，第 843 頁。
〔註 40〕葛劍雄、周筱贇：《歷史學是什麼？》，北京大學出版社，2002 年，第 149 頁。
〔註 41〕余英時著，何俊編，李彤譯：《十字路口的中國史學》，上海古籍出版社，2005 年，第 87 頁。
〔註 42〕余英時：《文化評論與中國情懷（下）》，廣西師範大學出版社，2006 年，第 311 頁。
〔註 43〕白壽彝主編：《史學概論》，寧夏人民出版社，1983 年，第 243 頁。
〔註 44〕吳澤主編：《史學概論》，安徽教育出版社，2000 年，第 230 頁。
〔註 45〕余英時：《史家史學與時代》，廣西師範大學出版社，2004 年，第 145 頁。

名詞說，也就是有『理』而無『事』，這在史學上即成絕大的荒謬。」〔註46〕
20世紀80年代他指出：「從哲學的特別是形而上學的觀點來討論文化傳統一
直是中國近代思想史上十分流行的風氣，這種風氣到今天仍然沒有衰歇。哲
學觀點的長處在於能通過少數中心觀念把握文化傳統的特性……弊病爲論
斷之簡易與直截。」〔註47〕到了晚年同樣如此，在《宋明理學與政治文化》
自序中說：「本書既是歷史的研究，它自然不可能有任何預設的哲學立場，
因此對於一切有關理學的現代哲學闡釋都是中立的，但在史學方法本書則有
十分明確的預設，否則我的研究便無法開展了。我的預設是：理學（或道學）
的起源和發展首先必須置於宋代特有的政治文化的大綱維之中，然後才能得
到比較全面的認識。」〔註48〕由於史學部分的具有哲學性，如何把握這個度，
是十分困難的。

　　史學與社會科學的關係也是很密切的。美國中國學界的研究與各種社會
科學思潮關係密切，「使研究中國史的學者發覺僅僅使用傳統歷史分析方法
無法有效地使歷史變成觀照現實的工具，也無力使之具備現實的反省能力，
而必須與其他社會科學的方法頻繁進行追蹤式交叉才能不斷延伸歷史解釋
的敏感度，即有過於『社會科學化』的色彩。」〔註49〕余英時指出：「在實
證論的影響下，史學與社會科學的理論和方法之間究竟應該存在著一種怎樣
的關係是目前最重要的問題。我必須強調，在技術層面上，史學現在已離不
開社會科學。但是史學家如何能一方面摘取社會科學的成果使之爲史學服
務，而另一方面又能在史學與社會科學之間劃清界限，使前者不致爲後者越
俎代庖，則是一個極爲困難的課題。〔註50〕「社會科學到了今天爲止，還沒
有能發現適用於一切文化、社會的普遍規律，將來是否能成功也還是一個問
題。」〔註51〕「現代主流社會科學以自然科學爲模式，走的是經驗──分析

〔註46〕余英時：《史家史學與時代》，廣西師範大學出版社，2004年，第97頁。

〔註47〕余英時：《史家史學與時代》，廣西師範大學出版社，2004年，第95頁。

〔註48〕余英時：《宋明理學與政治文化》，廣西師範大學出版社，2006年，第2～3
　　　　頁。

〔註49〕楊念群：《昨日之我與今日之我──當代史學的反思與闡釋》，北京師範大學
　　　　出版社，2005年，第9頁。

〔註50〕余英時：《史家史學與時代》，廣西師範大學出版社，2004年，第177～178
　　　　頁。

〔註51〕余英時：《中國知識人之史的考察》，廣西師範大學出版社，2004年，第184
　　　　頁。

的途徑。這種把人文現象和自然現象等量齊觀的研究方法確有許多內在的困難。實證論的觀點早已為許多有識之士所不滿。『批判理論』也是乘此間隙而起。從這一點說，它並不是全無所見。但是主流社會科學也有它的堅強根據和研究成績，絕非『批判理論』所能完全推翻的。『批判理論』最多只能提供另一不同的觀點，以濟主流社會科學之足而已。」〔註52〕在評價楊聯陞時，他說：「楊先生出身中國的史學傳統，沒有沉重的知識論預設的負擔。他強調『訓詁治史』，相信中國傳統史學到後來越重視客觀性，也承認社會科學概念有助於中國史研究的開展，這是他和美國主流史學相近之處。但是他在『歷史客觀性』的問題上卻沒有照單全收美國史學的預設。」〔註53〕

　　20世紀80年代，余英時指出：「與哲學家之基本上憑直覺與先驗觀念以總攝文化精神不同，社會科學家在方法論方面是經驗的，在範圍方面則包羅萬象，不偏於思想的層次。」「如果以論據之堅實與分析之客觀而言，這一類的著作確與史學的性質相近。但是社會科學的中心任務畢竟是在於尋求一般性的通則，而不在闡釋個別文化傳統的特性。」〔註54〕他肯定了兩者方法上的相同，但也指出了歸宿的不同。如何利用社會科學研究史學，在余英時評價其師楊聯陞時說：「他的社會科學的修養融化在史學作品之中，而不露斧鑿的痕跡，這是所謂『水中鹽味』，而非『眼裏金屑』。」〔註55〕這也是余英時所追求的境界吧。

　　余英時評價嚴耕望時說：「他的歷史宏觀竟與法國年鑒學派大師 Fernand Brandel 頗多暗合。例如他治唐代人文地理取『全史』的觀點，即後者研究16世紀地中海的路向。他治制度史，重點也在長期性的結構，而不在變幻的人事。這自然是受到社會科學的暗示而然，不過未加理論化而已。誠然，他所運用的社會科學甚為有限，僅在大關鍵處偶一著墨。但這恰好是他的長處而不是短處。因為他的研究主體畢竟是中國史學而不是社會科學。若在社會科學上求之過深過細，則不僅本末倒置，而且也必然流入牽強附會。」〔註56〕對費正清評價說：「費氏的歷史觀大致取自當時西方的主流史學，強調社會科

〔註52〕余英時：《中國知識人之史的考察》廣西師範大學出版社，2004年，第208頁。

〔註53〕余英時：《現代學人與學術》，廣西師範大學出版社，2006年，第10頁。

〔註54〕余英時：《史家史學與時代》，廣西師範大學出版社，2004年，第96頁。

〔註55〕余英時：《現代學人與學術》，廣西師範大學出版社，2006年，第102頁。

〔註56〕余英時：《現代學人與學術》，廣西師範大學出版社，2006年，第423頁。

學在史學研究中的主導地位。但是他並不是一個有理論興趣的史學家，更沒有發展出一套有關中國史的系統看法。」﹝註57﹞嚴耕望也認爲：「社會科學理論只能是歷史研究的輔助工具，不能以運用理論爲主導方法。」﹝註58﹞史學是什麼呢？從余英時論述史學的定義可知史學是人文科學。劉夢溪認爲：「人文科學與社會科學都是以人爲中心，那麼比較起來，人文科學更貼近人，甚至可以說是研究人本身的學科。……因此研究人文學科的從業人員應該是最富人文精神的群落。」﹝註59﹞許倬雲認爲：「歷史研究的主觀性使歷史學無法成爲精密的科學。」﹝註60﹞史學從根本上不同於哲學、社會科學的地方是什麼呢？余氏認爲：「如果說社會科學觀點『沒有時間性』，那麼哲學觀點則可以說是『超時間性』的，史學觀點之重要便在這裏充分地顯露出來，它特別注重時間性，恰可以補上述兩種觀點之不足。」﹝註61﹞這才是史學研究中應該特別注意的問題吧。

第四節　中國史學的幾點認識

一、中國傳統史學

中國傳統史學指近代以前的史學，即中國古代史學，與西方史學中常用的「傳統史學」，在內容和包含年代上都有所不同。當代學者陳其泰認爲：「大致說來，傳統史學是指鴉片戰爭以前起於孔子止於章學誠二千年間的史學，在中國傳統文化部類中堪稱是發達的部門。」﹝註62﹞余英時對中國傳統史學的認識，早年的代表作爲《章實齋與柯林武德的歷史思想——中西歷史哲學的一點比較》，晚年集中體現在《中國史學思想的反思》一文中。

20世紀50年代，余英時發表了《章實齋與柯林武德的歷史思想——中西歷史哲學的一點比較》，對章學誠和柯林武德的歷史思想作了比較，認爲中國史學有三個特點：一是中國史學中的人文傳統；二是史學中言與事之合一；

﹝註57﹞余英時：《現代學人與學術》，廣西師範大學出版社，2006年，第436頁。

﹝註58﹞嚴耕望：《怎樣學歷史——嚴耕望的治史三書》，遼寧教育出版社，2006年，第162頁。

﹝註59﹞劉夢溪：《學術思想與人物》，河北教育出版社，2004年，第362頁。

﹝註60﹞許倬雲：《中國文化與世界文化》，2006年，廣西師範大學出版社，第64頁。

﹝註61﹞余英時：《史家　史學與時代》，廣西師範大學出版社，2004年，第97頁。

﹝註62﹞瞿林東主編：《中國史學史研究》，湖北教育出版社，2006年，第337頁。

三是筆削之義與一家之言。中國史學中的人文傳統爲最突出的特點。他認爲：
「中國傳統史學中，儘管存在上述的分不清歷史與自然的小毛病，但通體而
論，它實具有極深厚的人文傳統，正如柯林武德所說的，是人所以求知的學
問。」並進一步對中國史學人文主義進行了分析：「由於孔子取《尙書》『疏
通知遠』之教奠定了中國歷史哲學的基礎，而此後的歷史家自司馬遷以降又
多信奉而衰，故我們實可說，『疏通知遠』一語是中國歷史的人文主義的最扼
要的說明……我們覺得用『究天人之際，通古今之變』來注解『疏通知遠』
似乎並不太牽強附會。司馬遷的話說的比較具體，用現代的話來說，他企圖
對以往的歷史加以哲學性的反省，俾求得一種會通的瞭解……章實齋則從『疏
通知遠』的歷史哲學發展到史學經世論，這眞是中國傳統的歷史人文主義的
極境。」〔註 63〕他認爲中國史學傳統中的人文精神特別表現在兩個顯著的特
色上面：「一是《史記》以下正史中人物傳記的豐富……二是《春秋》以來的
重視褒貶。」〔註 64〕

　　中西歷史不同一直是余英時治學的出發點，但在這篇文章中，他說：「章
實齋和柯林武德兩人在歷史觀念方面如此地不謀而合，自然不是全出於偶
然。就某種意義說，這正象徵著中、西史學思想在發展過程上有其大體相近
之處……他們兩人的歷史理論都各自有其全部史學發展史作爲『後盾』。」
〔註 65〕頗耐人尋味。

　　到了近年，余英時就中國傳統史學思想進行了反思，即《中國史學思想
的反思》一文。首先他就中西史學問題做了評論。他說：「認爲中國史學中有
一些西方所無的本質性的關鍵特點，不啻是陷入虛妄的本質論之中。我對西
方史學史瞭解越多，就越不肯定是否能將兩種傳統截然區分。若就中西史的
個別組成要素而言，兩者似乎同多於異。但另一方面，若從歷史的發展來看，
兩種傳統的形態看起來確有差別。」〔註 66〕「如果我們將整體的傳統中國史
學與西方自 18 世紀以來所發展的史學理論和實踐相比較，會發現兩者的差異
其實非常大。」〔註 67〕這些不同產生的原因是什麼呢？「想要釐清這些差異，

〔註 63〕余英時：《史家史學與時代》，廣西師範大學出版社，2004 年，第 154～155
　　　　頁。

〔註 64〕余英時：《史家史學與時代》，廣西師範大學出版社，2004 年，第 175 頁。

〔註 65〕余英時：《史家史學與時代》，廣西師範大學出版社，2004 年，第 173 頁。

〔註 66〕余英時著，程嫩生、羅群等譯：《人文與理性的中國》，上海古籍出版社，2007
　　　　年，第 394 頁。

〔註 67〕余英時著，程嫩生、羅群等譯：《人文與理性的中國》，上海古籍出版社，2007

不能只著眼於史學領域本身，反之，它們可能根深蒂固地存在於中西兩種截然不同的文化傳統之中。」〔註68〕但「就內在的假設、原則和方法而言，中國史著和希臘史著之間的同似乎不下於異」〔註69〕

對於人文主義傳統問題，他認為：「據我判斷，中國史學思想的一個基本特點是強調人力在歷史中的中心作用……儘管人力以外的其他力量，自然的或超自然的，都可能會在歷史過程進程產生影響，但歷史學家必須時刻將主要注意力放在人的因素之上……」〔註70〕同時也分析了「非人力量」，「中國史家並非全然不知道『非人力量』在歷史中的作用。它們也承認歷史上存在著『歷史潮流』或『變化模式』。然而，當他們去進行概括性的描述，這些概括都不會限定在某個時間，或者囿限於某個特定層面。他們從來不覺得自己有責任去提出『普遍歷史規律』，或建構某種理論來描述人類的整體歷史過程。深受《易經》宇宙觀的影響，他們所抱持的其中一種『絕對預設』是：歷史進程是永無終結的。」〔註71〕並分析了原因：「總括而言，歷代的中國史家並未有系統地嘗試提出理論來說明『最終原因』，也沒有嘗試去尋找歷史的『普遍規律』。也許由於『理論理性』較不發達之故，中國史家多半不會因為看到一個重要的歷史觀察，而去發展出有系統的理論，這與西方史學理論家恰成對比。」〔註72〕

二、中國近現代史學

中國近現代史學始於梁啓超的「新史學」，史學界一般認為中國近現代史學與西方史學聯繫緊密。陳其泰卻認為：「近代史學是從傳統史學發展演變而來，由彼達此的轉變軌迹清晰可尋。」〔註73〕20世紀上半葉的中國史學，

年，第398頁。

〔註68〕余英時著，程嫩生、羅群等譯：《人文與理性的中國》，上海古籍出版社，2007年，第401頁。

〔註69〕余英時著，程嫩生、羅群等譯：《人文與理性的中國》，上海古籍出版社，2007年，第399頁。

〔註70〕余英時著，程嫩生、羅群等譯：《人文與理性的中國》，上海古籍出版社，2007年，第403頁。

〔註71〕余英時著，程嫩生、羅群等譯：《人文與理性的中國》，上海古籍出版社，2007年，第413頁。

〔註72〕余英時著，程嫩生、羅群等譯：《人文與理性的中國》，上海古籍出版社，2007年，第415頁。

〔註73〕瞿林東主編：《中國史學史研究》，湖北教育出版社，2006年，第337頁。

余英時認為最顯著的是：「20 世紀上半葉的中國史學，是以乾嘉考證學和西方蘭克以後歷史主義的匯流為其最顯著的特色。」〔註 74〕當然，「20 世紀上半葉中國史學主流雖然也有實證論的傾向，但是一般而言，中國史學家對於知識論的預設無深究的興趣，更不必說把這些預設推至其邏輯的極端了。」〔註 75〕但「1919 年五四運動以來，隨著科學主義的興起，實證主義更加緊緊抓住中國歷史的中心。」〔註 76〕並且他認為，即使是現在，也還存在。「我很難過地看到，即使今日中國知識分子們對西方是『批判』，但仍然不經批判地跟隨一些剛好在西方流行的批評理論。不用說，我絕不是提出任何中國史研究的智識孤立主義。有時，中國史家們當然會發現一些由西方歷史學識發展出來具有提示和啟發性的觀念、方法、範例、概論等，可作為比較或某些其他目的。然而正亟待中國史家們開始去規劃和發展自主的概念和方法，能特別適應中國特殊的歷史經驗，並獨立地但不孤立於世界其他角落（包括西方的歷史理論和實踐之外）……我也相信，歷史的客觀性雖得之不易，卻是有可能的，我同樣憎厭虛無主義或沒有節制的相對主義，正如同憎厭極端的實證主義。」〔註 77〕

余英時還回顧和評價了 20 世紀上半葉的中國史學的發展，他（梁啓超）在 1901 年寫的《中國史敘論》，標誌著中國的歷史編纂學從傳統轉向現代。〔註 78〕國粹派實踐了梁啓超和章炳麟提出的從「朝代史」到「國史」的範式轉式。〔註 79〕國故運動與國粹運動一樣，幾乎完全是一些對中國歷史的研究，但它的影響卻遠為持久和廣泛。大約從 1917 年一直持續到 1930 年代，它一直是中國歷史編纂的主流。〔註 80〕胡適、顧頡剛和傅斯年是 1917 至 1937 年中國歷史編纂學主流中最突出的三位人物，正如梁啓超、章炳麟和劉師培

〔註 74〕余英時：《史家史學與時代》，廣西師範大學出版社，2004 年，第 177 頁。

〔註 75〕余英時：《現代學人與學術》，廣西師範大學出版社，2006 年，第 107 頁。

〔註 76〕余英時：《文化評論與中國情懷（下）》，廣西師範大學出版社，2006 年，第 62 頁。

〔註 77〕余英時：《文化評論與中國情懷（下）》，廣西師範大學出版社，2006 年，第 63 頁。

〔註 78〕余英時著，程嫩生、羅群等譯：《人文與理性的中國》，上海古籍出版社，2007 年，第 358 頁。

〔註 79〕余英時著，程嫩生、羅群等譯：《人文與理性的中國》，上海古籍出版社，2007 年，第 361 頁。

〔註 80〕余英時著，程嫩生、羅群等譯：《人文與理性的中國》，上海古籍出版社，2007 年，第 365 頁。

在早先一樣，他們一起成功地摧毀了不實際的傳統的中國歷史概念，然而，由於他們未能或者是不願建立一個新概念來取代舊的，因此中國所留下的是一個更破碎的歷史認同。〔註81〕

　　余英時還就中國近現代史學做了系統理論分析，體現在20世紀80年代初發表的《中國史學的現階段：反省與展望》一文。首先分析了現代史學上的兩大派別的內容：「在現代中國史學的發展過程中，先後曾出現過很多的流派，但是其中影響最大的則有兩派：第一派可稱之爲『史料學派』，乃是史料之搜集，整理，考訂與辨僞史學的中心工作；第二派可稱之爲『史觀學派』，乃以系統的觀點通釋中國史的全過程爲史學的主要任務。從理論上說，這兩派其實各自掌握到了現代史學的一個層面：史料學是史學的下層基礎，而史觀則是上層建構。沒有基礎，史學無從開始；沒有建構，史學終不算完成。所以史料學與史觀根本是相輔相成，合則雙美，離則兩傷的。但在實踐中，中國現代的史料學派和史觀學派由於各趨極端，竟不幸而形成了尖銳的對立。」〔註82〕進而指出分別的缺陷：「史觀學派在近代中國史學方面還投下了另一種消極影響，即以西方歷史發展的抽象模式來籠罩中國歷史的實際進程……任何有關尋求社會發展的普遍性規律的努力首先便不可離開中國的歷史經驗。史觀學派的問題不在於他們對『規律』這一科學上具有嚴格意義的概念體認得不夠眞切，他們將西方歷史上一些局部有效的概括性論斷錯誤地看成了普遍性的歷史規律。因此，他們的史學工作主要不是在豐富的歷史經驗中尋求中國文化發展的型式，而是運用中國的經驗來適應西方的理論。」〔註83〕彭明輝認爲余氏此文「首揭現代中國史學史料與史觀學派分庭抗禮之說……兩岸學者探討現代中國史學的發展，不論贊成或反對，大抵均在余英時教授《中國史學的現階段：反省與展望》的基礎上進行討論。」〔註84〕

〔註81〕余英時著，程嫩生、羅群等譯：《人文與理性的中國》，上海古籍出版社，2007年，第371頁。

〔註82〕余英時著，程嫩生、羅群等譯：《人文與理性的中國》，上海古籍出版社，2007年，第76～77頁。

〔註83〕余英時著，程嫩生、羅群等譯：《人文與理性的中國》，上海古籍出版社，2007年，第83～84頁。

〔註84〕康樂、彭明輝主編：《史學方法與歷史解釋》，中國大百科全書出版社，2005年，第6頁。

第五章　余英時的史學方法論[註1]

第一節　「史無定法」的史學方法論

　　二十世紀「新史學」興起以來，特別是梁啓超的《中國歷史研究法》發表以後，中國史學界討論史學方法論的著作不斷問世。史學研究需要方法嗎，杜維運指出：「史學方法是訓練史學家的一門學問，傑出的史學家可能是天縱的；道地的史學家（true historians）則是訓練出來的。「認爲方法在工作之中，史學家只需要實際從事工作，不必奢談方法，是普遍存在於史學界的一種觀念。……不過這些都是似而實不盡然的。」[註2]史學方法論是什麼呢？當代學者朱本源認爲：「歷史方法論，顧名思義，是歷史研究所運用的各種方法的概括化或系統化而構成的一門知識。作爲歷史科學的方法論，它可以與其他科學的方法論無關。不過。在西方的學術傳統中，歷史方法被看作一般的科學方法論的一個分支。」[註3]

　　余英時的歷史觀是多元的，所以在方法論是也是多元的。20世紀50年代，在討論革命原則與方法時，他認爲方法是多元的，原則是一元的。就二者的關係看，不是革命的方法決定革命的原則，而是革命的原則決定革命的

〔註1〕　杜維運認爲：「史學方法起源於思想，也與理論相通。……史學上的理論，與史學方法，有時是一而二，二而一的關係。」（《史學方法論》，北京大學出版社，2006年，第4～5頁。），筆者同意此看法，將史學方法歸爲史學思想之中。基於這種認識，下文中並不包括余英時運用的全部史學方法，只是比較有特色或反映其思想的方法。

〔註2〕　杜維運：《史學方法論》，北京大學出版社，2006年，第1～3頁。

〔註3〕　朱本源：《歷史理論與方法》，人民出版社，2007年，第24頁。

方法，方法在一定情況下也會重大地影響到革命的性質。〔註4〕在探討思維與方法關係時，余英時明確指出他是一個方法論的多元論者。就思維與方法的關係，他認爲思維必通過方法而活動，沒有方法的思維是不可想像的。但方法不可以片面地決定思想。〔註5〕就思維與思維方法的關係，他認爲是思想的性質，原則決定它的方法，然後方法才能引導人們深入思想的境地。在此特定的具體內容上，我們可以採用各種不同的方法來解決問題。〔註6〕很明顯，余英時這裏的方法多元論只是一般意義上的，並非僅僅指史學方法。但我們不難看出，這時他對多元方法的認識與前面論述的他者一時期對決定論的認識是一致的，也就是還沒有完全成熟。他儘管承認了方法的多元性，但仍認爲方法是受其內容決定的。

　　20世紀80年代，余英時對史學方法問題進行了系統的思考。那麼，他對近代中國史學家所謂的史學方法進行了兩個層次的劃分：「我們細察近代中國史學家所說的方法，發現它具有兩個不同層次的涵義。第一層是把史學方法看作一般的科學方法在史學研究方面的引申……『方法』的。第二層涵義是指各種專門學科的分析技術，如天文、地質、考古、生物等各種科學中具體方法都可以幫助歷史問題的解決。但這些顯然更不是史學的獨特方法了。其實即使是與傳統史學關係最深的一些方法，如文獻學的、訓詁學的之類，嚴格地說，也不能逕視之爲史學的方法。」〔註7〕他這樣說不是說史學沒有方法，只是強調「我們只是要指出，史學的確沒有固定的方法；在技術層面上，史學是在不斷地吸收其他有關科學的方法以爲己用的。這一點正和我們前面所談史學綜合貫通性格相應。」〔註8〕進而他提醒說我們史學必須不斷地吸收新方法，但千萬不可迷信方法。〔註9〕最後他得出「史無定法」的結論。他說：「史無定法，而任何新方法的使用又隱蔽著無數的陷阱；這

〔註4〕 余英時：《民主制度與進代文明》，廣西師範大學出版社，2006年，第294頁。

〔註5〕 余英時：《文化評論與中國情懷（上）》，廣西師範大學出版社，2006年，第66頁。

〔註6〕 余英時：《文化評論與中國情懷（上）》，廣西師範大學出版社，2006年，第66～67頁。

〔註7〕 余英時著，何俊編，李彤譯：《十字路口的中國史學》，上海古籍出版社，2005年，第88頁。

〔註8〕 余英時著，何俊編，李彤譯：《十字路口的中國史學》，上海古籍出版社，2005年，第89頁。

〔註9〕 余英時著，何俊編，李彤譯：《十字路口的中國史學》，上海古籍出版社，2005年，第89頁。

一事實充分說明在史學研究上沒有捷徑可走，一切都要靠史學家自己去辛苦而耐心的摸索……史學家是別人不能訓練出來的，他只有自己訓練自己。」〔註10〕即使到了晚年，這一觀點並未改變，他認爲：「無論就觀點或方法言，我在史學研究上都是一個多元論者；研究的對象及其材料決定觀點與方法的選擇，而且不限於一端。像斯氏那樣大張旗鼓，先根據維特根斯坦、奧斯丁一系的語言哲學建立一套嚴格的知識論與方法論，是我所不敢也不想嘗試的。」〔註11〕

　　「史無定法」的治學方法一方面表現在他對許多史學家治史方法的認識和評價。如，他一方面對傅斯年的《性命古訓辯證》的表示讚賞，認爲是將語言學和歷史學配合起來研究思想史的，是講方法論的。但他也批評傅斯年推論方法推論過當。再如，他對維柯的科學方法表示讚揚，〔註12〕對徐復觀有「以今度古」的傾向提出批評。這些說明余英時本人不拘泥於某一史學方法的。

　　當然最典型的是余英時對胡適方法論的認識。一方面，他同情和欣賞胡適方法論中的某些部分。如，對胡適的實驗主義方法論有沒有普通化和客觀化的成分的認識。他說：「方法論雖然也不可避免地要涉及價值取得，但是在一定條件下它可以轉化爲中立性的工具的，自然科學方法的客觀性和普遍性早已是一個不可否認的事實；只要每一門科學專業的人不越出他自己的研究範圍，他的方法是『放之四海而皆準』的。甚至胡適的實驗主義方法論也未嘗沒有可以普通化和客觀化的成分。」〔註13〕又如，對胡適引起爭論的原因，余英時是同情和理解的：「自古迄今，恐怕沒有一位學者能夠在著作中完全不犯錯誤，也沒有一位思想家的觀點和方法能夠爲同時的人所普遍接受。胡適自然也不是例外。」〔註14〕再如，對胡適學習西方方法的態度是欣賞的。余英時說：「他服膺杜威的實驗主義主要是在方法論的層次上面。他對西學的態度可以說是『弱水三千，我只取一瓢飲』。而且他所取的不是繡好的鴛鴦，

〔註10〕余英時著，何俊編，李彤譯：《十字路口的中國史學》，上海古籍出版社，2005年，第90頁。
〔註11〕余英時：《宋明理學與政治文化》，廣西師範大學出版社，2006年，第301頁。
〔註12〕余英時：《史家史學與時代》，廣西師範大學出版社，2004年，第138～139頁。
〔註13〕余英時：《現代學人與學術》，廣西師範大學出版社，2006年，第266頁。
〔註14〕余英時：《現代學人與學術》，廣西師範大學出版社，2006年，第243～244頁。

而是繡鴛鴦的金針和手法。」〔註15〕

　　在肯定胡適的同時，余英時也清醒的認識到胡適方法論中的不足。如，余英時認爲「胡適思想中有一種非常明顯的化約論（reductionism）的傾向，他把一切學術思想以至整個文化都化約爲方法……他所重視的永遠是一家或一派學術思想背後的方法、態度和精神，而不是其實際內容。」〔註16〕再如，就胡適方法論的內在限制，余英時評價道：「這裏我們清楚地看到了胡適思想在『改變世界』方面的內在限制。他的『科學方法』──所謂『大膽的假設，小心的求證』──他的『評判的態度』，用之於批判舊傳統是有力的。但是它無法滿足一個劇變社會對於『改變世界』的急迫要求。批判舊制度，舊習慣不涉及『小心求證』的問題，因爲批判的對象本身（如小腳太監，姨太太之類）已提供了十分的證據。科學方法的本質限定它只能解決一個一個的具體問題，但是它不能承擔全面而判斷任務。」〔註17〕

　　另一方面體現在余英時對中國古代與西方現代方法同樣的認同態度上。他說：「我們不要以爲這是中國的舊方法，和今天西方的新方法相比早已落伍了。我曾經比較過朱子讀書法和今天西方所謂『詮釋學』的異同，發現彼此相通之處甚多，『詮釋學』所分析的種種層次，大致都可以在朱子《語類》和《文集》中找得到。」〔註18〕正因如此，他才得到這樣的結論：「『假意識』或『意識形態』是現代名詞，在當時大概可以稱之爲『天道設教』，但名詞雖異，所指則一。朱熹早在 12 世紀便能如此明確地劃分真信仰與假意識之間的界限。其思路之曲折幽深是很可驚異的。」〔註 19〕我們不難看出，余英時從情感上更傾向於中國古代方法，但理性上還是具有相同認識的。對於中國古代史學方法問題，現代學者有不少論述。王爾敏認爲「19世紀以前中國史家沒有留下史學方法之作」，因爲「在中國學術中經史子集，……這些最全面的門類俱不講究方法。」〔註 20〕杜維運認爲：中國古代最早講史學方法的書是《史通》，第二部是《文史通義》。〔註 21〕余英時

〔註15〕余英時：《現代學人與學術》，廣西師範大學出版社，2006 年，第 293 頁。

〔註16〕余英時：《現代學人與學術》，廣西師範大學出版社，2006 年，第 265 頁。

〔註17〕余英時：《現代學人與學術》，廣西師範大學出版社，2006 年，第 276 頁。

〔註18〕余英時：《文化評論與中國情懷（下）》，廣西師範大學出版社，2006 年，第 324 頁。

〔註19〕余英時：《史家史學與時代》，廣西師範大學出版社，2004 年，第 301 頁。

〔註20〕王爾敏：《史學方法》，廣西師範大學出版社，2005 年，第 7～8 頁。

〔註21〕杜維運：《史學方法論》修訂版自序，北京大學出版社，2006 年，第 7 頁。

對此並沒有直接論述，但對中國古代史學方法顯然有濃厚的興趣。

同他的多元歷史觀一樣，余英時反對方法決定論。在書評《重訪焦竑的思想世界》中，他說：「用中國哲學的文獻來玩現象學——結構主義的遊戲，作者所用的思想史方法主要是對話。……作者與過去對話的高度熱情居然嚴重的損害了他的重建工作。」〔註22〕「在方法論上，歷史學家不應把這些引文簡單地視爲焦竑自己之作，但作者對此材料不作區別，他感到根本沒必要把焦竑的作品同焦竑引用的作品稍加區別，他反而想當然地認爲，引文亦爲焦竑之作。」〔註23〕余英時批評道：「書中所表現的這種方法清楚地顯示，在思想史研究中，只有方法論規則才主導一切。」〔註24〕

歷史是豐富多彩的，史料也是如此，因而在具體史學研究中，余英時認爲史學方法也有時是困難的。例如，在歷史現象中會有「家族倫理和經濟生活都有超越於政治以外的獨立而永久的意義，因此決不應成爲政治上一時利害的犧牲品。這是中國文化的基本原則之一。但歷史又告訴我們：因政治分裂而流於新土的人民，在經過幾十年之後，往往又會認他鄉爲故鄉，不肯再回本土了。」〔註25〕又如，在史料運用中，余英時研究明清商人時說：「這裏我們碰到一個方法論上的困難，我們固然可以找到不少明清商人實踐其道德、信條的證據，然而在現實世界中這種實踐究竟有多少代表性？據我對於有關的這一方面的明清史料的認識，這個問題是無從用量化的方法求得解決的。不過這一方法論上的困難在史學上是普遍性的，它同樣顧在於韋伯有關新教倫理的研究之中。我們只能說：這個問題和史學家對於他們所研究的歷史世界的全面判斷有關。」〔註26〕

如何看待余英時「史無定法」的觀點呢？從積極意義看，一是可以廣泛的吸收其他學科的方法爲史學所用。二是它啓發我們史學具體內容是豐富多樣的，不同的內容可以採用不同的方法，即使是相同的內容，方法不同也可以得到不同的理解。就消極意義說，一是初學者容易產生無所適從的感覺，

〔註22〕余英時著，程嫩生、羅群等譯：《人文與理性的中國》，上海古籍出版社，2007年，第70頁。

〔註23〕余英時著，程嫩生、羅群等譯：《人文與理性的中國》，上海古籍出版社，2007年，第89頁。

〔註24〕余英時著，程嫩生、羅群等譯：《人文與理性的中國》，上海古籍出版社，2007年，第98頁。

〔註25〕余英時：《史家史學與時代》，廣西師範大學出版社，2004年，第68頁。

〔註26〕余英時：《儒家倫理與商人精神》，廣西師範大學出版社，2004年，第318頁。

不容易進行史學研究。二是正如有論者指出的那樣，余英時忽視了史學有自己的獨特方法。這樣容易導致史學本身特色方法的淡化或消失，對史學發展是不利的。這種特殊的方法是什麼呢？朱本源說：「它是適合於歷史科學的特殊性的研究的方法體系。歷史科學至少有兩個不同於其他社會科學的特徵：第一，我們在第一章中已提到過，即關於過去的客觀知識只能通過研究者的主觀經驗而獲得；第二，與第一點相當，作爲過去事件的歷史事實，不能成爲研究者直接觀察的對象，只能以史料爲中介地間接觀察。這樣，歷史思維的形成，歷史知識獲得的原理和技術以及最後的研究成果的表達形式（歷史事件的重構）就不同於其他的科學了。」〔註27〕

第二節　西方方法學在中國史學中的運用

　　近代以來，西方方法不斷運用到中國史學中，幾乎到了迷信的程度。杜維運對中西史學方法評價說：「沒有任何一位史學家的史學方法是盡善盡美的；沒有任何一個民族的史學方法是可以代表史學方法的全部。認爲中國的史學方法，無懈可擊，是一種迷信；認爲西方的史學方法，獨步寰宇，是盲目崇拜。」〔註28〕何謂「西方方法學」，我們必須說明的是，這裏其實是一個很寬泛的定義，因爲西方方法學一方面也是在不斷的變化之中，另一方面就中西方法學的具體問題來講，也有相通之處，不能截然對立。我們僅就認識論的角度而言，其用意在於區別中國傳統方法學，探究西方方法學在余英時看來運用到中國史學中的尺度是什麼。

　　余英時如何看待這一問題的呢？他一方面指出清末以來的學者都受到西方的方法學的影響，另一方面他認爲有些地方中國的舊方法和西方的新方法也盡可相通，無任何神奇的「西方的方法學」，一旦到手之後施之中國舊材料，即可產生靈異的效果。他強調說我們治學仍應從熟悉基本典籍入手，他不願意空談方法，凡是技術層面的事，必須多次運用才能逐漸圓熟。〔註29〕

　　余英時明確表示反對將西方方法「硬套」在中國史學上。他說：「我治

〔註27〕朱本源：《歷史理論與方法》，人民出版社，2007年，第28～29頁。

〔註28〕杜維運：《史學方法論》修訂版自序，北京大學出版社，2006年5月，第7～9頁。

〔註29〕余英時：《中國思想傳統及其現代變遷》，廣西師範大學出版社，2004年，第345頁。

思想史的經驗是多讀西方這一行中的第一流著作，以資參考比較，並從字裏行間去體會作者如何運用史料。但要注意中西歷史之同異處，不可生吞活剝，把中國的材料硬套在西方的格局中，中國的基本典籍並不只是一堆材料，其中第一流的著作同樣是學問的結晶。不過，時有古今之異，因此問題也有古今之別而已。」〔註30〕並且對中國史學界存在的這種現象進行了反思：「現在一般研究中國思想史的人有兩極化的傾向：或者偏向『純哲學』的領地；或者偏向『造反宗教』。這是有意或無意地把西方的模式硬套在中國史的格局上面。這在兩極之間，還有一大片重要的中間地區仍是史學研究上的空白。」〔註31〕他進一步指出，即使今日中國知識分子們對西方是「批判」，但仍然不經批判地跟隨一些剛好在西方流行的批評理論。他認為正確的態度是：中國史家們發現一些由西方歷史學識發展出來具有提示和啓發性的觀念、方法、範例、概論等，可作為比較或某些其他目的。然而正亟待中國史家們開始去規劃和發展自主的概念和方法，能特別適應中國特殊的歷史經驗，並獨立地但不孤立於世界其他角落（包括西方的歷史理論和實踐之外）。〔註32〕余英時對中國史學研究上這種不正確的態度表現出擔憂和期望。他的擔憂是：有志於史學的青年朋友們在接觸了一些似通非通的觀念之後，會更加強他們重視西方理論而輕視中國史料的原有傾向。其結果則將引導出一種可怕的看法，以為治史只需要有論證而不必有證據。他的期望為：我十分贊成研究中國史的人隨時盡可能注視世界史學或相關學科的新動態。但瞭解外界的一般行情只是史學研究的邊緣活動，它永遠不能也不應代替我們在自己園地中耕耘的基本功夫。我們只有努力繼承了中國史學研究的豐富遺產之後，才有資格談到開闢新方向的問題。〔註33〕

　　為什麼要引用西方的方法呢，余英時通過宋明新儒家曾通過佛教的概念和分析方式以彰顯儒學的特性來解釋了他的理由：現代詮釋的要求即直接起於西方思想的挑戰，這和宋明新儒學之起於佛教的回應基本上是相類似的。

〔註30〕余英時：《中國思想傳統及其現代變遷》，廣西師範大學出版社，2004 年，第345 頁。

〔註31〕余英時：《中國思想傳統及其現代變遷》，廣西師範大學出版社，2004 年，第335 頁。

〔註32〕余英時：《文化評論與中國情懷（下）》，廣西師範大學出版社，2006 年，第63 頁。

〔註33〕余英時：《儒家倫理與商人精神》，廣西師範大學出版社，2004 年，第 226 頁。

同時，指出現代詮釋和宋明新儒學的歷史背景則大不相同。〔註34〕他並以「知識論」、「科學」的概念和理論做了進一步說明。「知識論」、「科學」本身即是西方的概念，而且早已用在中國學術思想史研究上面了。然而，西方關於「知識論」或「科學」的種種理論則不能直接用以闡明中國的思想傳統，這是因爲這些理論的具體內容是建築在西方特殊的經驗之上的，與中國傳統相差過遠。〔註35〕對於有學者擔心「概念」和「理論」如何區分，余英時回答說：「我們強調現代詮釋必須盡量把西方的理論和西方的概念及分析加以區別，其道理是很明白的。這便是西方繡成的鴛鴦固然值得借鑒，但更重要的則是取得西方人繡鴛鴦的針法。前面所說的宋代新儒家的成就便已充分地證明了針法和繡成的鴛鴦確是可以分開的。」〔註36〕

余英時在中國史研究上一直並沒有完全認同西方方法。他說：「事實上，我在中國思想史研究中所偶然引用西方的觀念都只有緣助性的作用。我的立足點永遠是中國傳統及其原始典籍內部中所呈現的脈絡，而不是任何外來的『理論架構』。嚴格地說沒有任何一種西方的理論或方法可以現成地套用在中國史的具體研究上面。」〔註37〕即使在看似相同的方法，他也有警覺。余英時在《方以智晚節考》中強調說此書所用「詮釋之法一依中土之舊傳。蓋西方實證與詮釋出於二源，常互爲排斥；中國則不然，二者在考證傳統之內而相輔相成爲。」〔註38〕

近年來，余英時更注重傳統方法的運用，他認爲 12 世紀到 18 世紀，儒家學者對於經典和史籍的考據功夫已隨時日而精進，因而在史學研究上作出了一連串方法論的突破。他對現代史學反思時指出：就實際操作而言，現代中國的第一代史家仍然以依循本身的研究傳統爲主，而輔之以對源於西方的方法的有限創新和修正。受西方影響較少的第一代史家，比起後來明顯更爲嫻熟運用所謂科學方法的新一代史家，在史學創獲方面較爲優勝。他得出結論說，民國初年中國史學界的最重要創獲，是直接源於本土史學傳統的成

〔註34〕 余英時：《中國思想傳統及其現代變遷》，廣西師範大學出版社，2004 年，第3～5 頁。
〔註35〕 余英時：《中國思想傳統及其現代變遷》，廣西師範大學出版社，2004 年，第4 頁。
〔註36〕 余英時：《中國思想傳統及其現代變遷》，廣西師範大學出版社，2004 年，第5 頁。
〔註37〕 余英時：《儒家倫理與商人精神》，廣西師範大學出版社，2004 年，第 362 頁。
〔註38〕 余英時：《方以智晚節考》增訂版自序，三聯書店，2004 年，第3～4 頁。

果，這種傳統經歷前此三個世紀的發展而已臻成熟。這時期西學的貢獻在於擴大了一般的知識視野，而非為中國史家提供了某種史學理論和方法。反之，五四之後中國史學日益疏遠本身的傳統，轉而越來越崇尚西方史學理論和方法，以從中尋求指導，此時，中國史學研究和著作的素質開始顯著滑落。〔註39〕

　　余英時長期生活在美國，自然也會深受西方學術的影響。陳弱水、王汎森對余英時這類受西方影響的中國學者評價說：「這些文章的作者全部都受過西方學術的訓練，其中有幾篇還長期在美國工作，所以從他們的著作中，常可以看到西方思想史訓練的影響，但這種影響是啟發性的，不是單純的繼承。西方影響使得他們在選題，詮釋及論點的鋪陳等方面。與 1930 年代茁長的一批思想史家有所不同，依然與一面摘抄一面說解式的思想史論著有異，他們的論著多以解決一個特定的問題或詮釋一個特定的歷史現象為主，用流行的話說，即有很清楚的『問題意識』，他們對變化性，歷程性的問題或現象的掌握比較深入；他們行文時，重視『論證』，重視組織，重視從四面八方來探討一個問題，同時也有比較清楚的『論旨』（thesis），像一條線般貫穿全文；他們在處理思想史問題時，常常放在心上的是某某現象『如何形成』，『為何可能』。所謂西方的影響，還可以區分為兩個方面：第一，當然是西方思想史、學術史或西方的中國思想史研究；第二是西方史學、哲學、社會學甚至人類學的啟發。前者是直接的，後者是支持的。」〔註40〕這種評價是中肯的，正因為如此，余英時卻能嫻熟並自覺的運用中國傳統方法，更顯得難得。

第三節　比較方法的運用

　　比較研究（comparatire study）就是對於不同對象進行的互為參照研究，在一般情況下多用來說明對同時並列的諸對象的研究。基本分為共時性和歷時性比較兩種類型。〔註41〕比較方法是史學研究中經常使用的方法，但對於

〔註39〕余英時著，程嫩生、羅群等譯：《人文與理性的中國》，上海古籍出版社，2007年，第 396～397 頁。

〔註40〕陳弱水、王汎森主編：《思想與學術》，中國大百科全書出版社，2005 年，第6～7 頁

〔註41〕劉家和：《史學　經學與思想——在世界史背景下對於中國古代歷史文化的思

比較方法如何使用，範圍限度等問題尚有爭論，余英時在史學實踐中對許多問題進行了思考。

對中西比較問題，余英時在其文集序言中有集中的表達：「我受了五四思潮的影響，雖然已決定投入中國史的專業，但對於西方近代的文化史和思想史同樣抱著濃厚的興趣。我當時已不能接受任何抽象的歷史公式，更不承認西方史的階段劃分可以爲中國史研究提供典型的模式。然而我深信西方的歷史與思想不失爲一個重要的參照系統，使更易於在比較的觀點下探索中國文化和歷史的特性。同時，對於五四時代所接受的西方近代文化主流中的一些基本價值，如容忍理性、自由、平等、民主、法制、人權等，我也抱著肯定的態度。這些價值，當時也被公認爲普世性的……基於這一認識，我在1950～1955 年這幾年間，曾努力閱讀這方面的西文著作……『少作』便是在這一心態下寫成的……（作者注：文集 6、7 卷）……對於西文史的參照功能和起源於西方但已成爲普世性的現代價值，我至今仍然深信不疑。這也是我讓這些『少作』再度刊佈的唯一理由。」〔註42〕在 2006 年克魯格獎頒獎儀式上的演講時再次總結了他在過去幾十年裏研究中國歷史嘗試的兩條主要線索之一就是運用「比較的角度」的。他說：「中國文化必須按其自身的邏輯並同時從比較的角度來加以理解。所謂的『比較的角度』，我指的是在早期中華帝國時代的印度佛教和 16 世紀以來的西方文化。」〔註43〕

在早年，余英時就認爲中西比較才可以看中國的特色。爲什麼呢？他說：「『特色』必然是從比較中得來的，我們只有用其他不同系統的文化和思想與中國的傳統相對照相比較才能看得清後者究竟有什麼『特色』……本書論中國思想的特色也採取了一種比較的觀點。大體上說，我是以我所能理解的西方文化和思想爲根據，以說明我所能見到的中國思想傳統的特色。」同時指出：不同的觀點必然會獲得不同的看法，並且同樣足以加深我們對中西思想異同的瞭解。〔註44〕即比較角度不同，理解各異。就中國學術的特點也需要西方學術做比較才能得到更深刻的認識。他認爲：「中國傳統學術中哲學與邏輯分析均未能獲得充分發展以致古人運字用詞間頗見明晰，但若以

考》，2005 年，北京師範大學出版社，第 2 頁。
〔註42〕余英時：《現代學人與學術》，（十卷本）序，廣西師範大學出版社，2006 年。
〔註43〕余英時著，程嫩生、羅群等譯：《人文與理性的中國》，上海古籍出版社，2007 年，第 419 頁。
〔註44〕余英時：《中國思想傳統及其現代變遷》，廣西師範大學出版社，2004 年，第 2 頁。

西方哲學爲參證，則此等隱晦之處亦未嘗不可轉爲明晰。」〔註45〕

比較的應用範圍是什麼呢？在談到思想史比較時，余英時認爲：「比較思想史的研究，首先必須著眼於這兩大體系的整體變化。」〔註46〕並且，他指出：「今天研究任何地區的文化、思想、歷史或社會的人大概都很難完全避免比較的觀點。比較的範圍當然可大可小……這一比較的觀點在道理上是站得住的，甚至是必要的，但在實踐中，它是否成功則完全繫於研究者個人對於他所比較的具體對象是否都具有正確的瞭解。而且即使大體上瞭解不誤，其中也仍然有深淺之別，高下之分，精粗之異。」〔註47〕杜維運對余英時在比較史學上的運用推崇有加。如他評價，余英時的《章實齋與柯林武德的歷史思想——中西歷史哲學的一點比較》一文：「比較兩位史學家的史學，只能就其局部做比較，不能奢望兩位是一體的化身；比較兩個時代的史學，只能就其發展的大趨勢做比較，不能僅僅於時間上的是否完全一致。」「比較史學所以值得從事。自此可以窺知消息。」〔註48〕而汪榮祖則認爲科氏是利用重演而獲得有效的知識，與章氏的史意，史德，別出心裁不能相提並論。他認爲「若然實齋竟能跨越中西文化，以及二百年之時代鴻溝，其六經皆史說的內涵自更加豐富矣。」〔註49〕

比較方法的運用，容易流於比附。早年余英時就有認識。他說：「中國知識分子之接受這樣的歷史分期觀卻並不是他們對西洋史研究的興趣，而是他們把中國史比附西洋史的結果。」〔註50〕近年，在其文集序言中再次重申了這個觀點。他說：「舉梁啓超1901年《中國史序論》有關中國分期時指出：「很明顯，通過當時日本史學界關於『東洋史』的研究，他已經接受了文藝復興以來西方人對歐洲史的分期模式。」在指出其成就的同時，也批評他將「西方中心論」帶進了中國史研究的領域。「歐洲史分期論和斯賓塞的社會達爾文主義合流，使許多中國新史家都相信西方史的發展形態具有普世的意義。」「但是我自始即不能接受『西方中心論』這一武斷的預設……現代中、西之異主要是兩個文明體系之異，不能簡單地化約爲『中古』與『近

〔註45〕余英時：《史家史學與時代》，廣西師範大學出版社，2004年，第165頁。

〔註46〕余英時：《儒家倫理與商人精神》，廣西師範大學出版社，2004年，第186頁。

〔註47〕余英時：《儒家倫理與商人精神》，廣西師範大學出版社，2004年，第219頁

〔註48〕杜維運：《史學方法論》，北京大學出版社，2006年，第250頁。

〔註49〕汪榮祖：《史學九章》，三聯書店，2006年，第232頁。

〔註50〕余英時：《中國思想傳統及其現代變遷》，廣西師範大學出版社，2004年，第108頁。

代』之別。」〔註51〕

余英時強調比較，反對比附。20世紀80年代，余英時對中國史學進行反思時指出：「在過去幾十年中，史學家之間並不乏在理論上肯定以至提倡這種觀點的人。但是在實踐中，比較卻不幸流爲比附……另一方面，在文化接觸的初期，比附作爲一種比較方法，雖然絕不理想，但往往是不可避免的，有時甚至是必要的……」〔註52〕對比較與比附作了更爲公允的評價。20世紀90年代余英時在對五四運動研究後明確提出：「我提議在中國史的研究中完全拋棄比附，如果我們既不承認歷史有通則，也不視歐洲歷史經驗的獨特形態爲所有非西方社會的普通模式，那麼我們又何須提出中國史上是否有文藝復興或啓蒙運動這類問題呢？我們只要如實地發掘五四運動的眞相便足夠了。」〔註53〕「我可以負責地說一句：20世紀以來，中國學人有關中國學術的著作，其最有價值的都是最少以西方觀念作比附的。」〔註54〕

對此，當代學者也多有論述。杜維運認爲「以爲太史公是中國歷史之父，希羅多德是西方中國歷史之父，於是將兩人的史學做惟妙惟肖的比較；認爲維科於1744年死於那不勒斯，六年後他遠道的中國同行章實齋生於黃海之濱，於是將兩人的好似學作若干的比較，」都會流於附會的。〔註55〕陳啓雲也認爲在中西歷史比較上有膚淺的比附。〔註56〕

爲什麼會產生比附呢？余英時分析說：「現代詮釋則缺乏一個長期的『格義』階段，一方面，西方思想的複雜性遠非佛教所能相提並論；另一方面，西方的概念和分析方式在沒有來得及本土化之前便已席卷了中國的學術思想界。因此現代中國學人用西方的概念和方式研究自己的思想傳統時往往不免流爲牽強附會和生搬硬套。其中最重要的一個癥結便在於他們不但語言和技術層面上接受了西方概念和分析方式，而且不少人還毫不遲疑地視西方的理論和觀點爲具有普遍性的眞理，可以直接用來詮釋中國的思想傳統。」

〔註51〕余英時：《史家史學與時代》序，廣西師範大學出版社，2004年。

〔註52〕余英時著，何俊編、李彤譯：《十字路口的中國史學》，上海古籍出版社，2005年，第93頁。

〔註53〕余英時：《文化評論與中國情懷（上）》，廣西師範大學出版社，2006年，第176頁。

〔註54〕余英時：《現代儒學的回顧與展望》，三聯書店出版社，2004年，第418頁。

〔註55〕杜維運：《史學方法論》，北京大學出版社，2006年，第249～250頁。

〔註56〕陳啓雲：《中國古代思想文化的歷史論析》，北京大學出版社，2001年，第41頁。

〔註57〕「『格義』之所以可能，內在要求之所以產生，自然離不開內在的根據。如果儒學內部完全沒有可以和西方的觀念相互比附的東西，我們便很難解釋晚清一部分儒者何以能在西方思想的啓發之下大規模地詮釋儒家經典而激起了一般讀者的共鳴。我們必須瞭解，晚清的一般讀者對於西學並無直接認識，但對於儒家傳統則至少具備基本知識。如果今古文兩派中人完全曲解經典以附會西來之說，那麼讀者當時的熱烈反應便成一個不可理解的現象了。」〔註58〕比附也是「刻意求同」造成的，陳啓雲對「刻意求同」與「刻意求異」也有精闢的分析。「其一，由於史實本質是獨特互異的。因此。『求異』是順著史實本質的運作，比較容易見效；『求同』是逆著史實本質的運作，比較艱巨，也不容易見效。其二，是在中國大陸及東歐，馬列主義所主張的人類社會史發展通則的『求同』……非馬列主義歷史學界……傾向於『求異』抗拒。再者，對東西歷史文化差異的強調，在西方歷史思想中有很長遠的淵源。最後，二十世紀新儒家及其他主張『中國文化本位主義』者對抗『科學主義』『全盤西化』主張『一元文化論』的理論根據。」〔註59〕

在比較方法思維方面，主要是求同和求異。許倬雲認爲比較有比同和比異兩種方法，但一般往往是比同，其實比異獲得的啓發未必取其同所獲得的少。〔註60〕

在比較史學研究方面，大陸史學界有新的進展。張越在《中西史學比較研究的開展》一文指出：「從比較的對象和內容來看，中西史學比較研究的突破之一，是不再局限於中西史學間過分具體的兩項對比。以往一說比較研究，人們就會很自然地找出那些中西史學間有相類似的史家、史書等進行比較，諸如司馬遷與希羅多德的比較，《史記》與《歷史》的比較，章學誠與柯林無德的比較。但是，歷史上沒有兩件事情是完全一樣的。歷史有類似而沒有相同，更不會重演。中西古代史學原本是在互不瞭解，互不交叉的不同的文明淵源中各自發展的，如果過分強調進行具體的兩項對比，忽略中西史

〔註57〕余英時：《中國思想傳統及其現代變遷》，廣西師範大學出版社，2004年，第4頁。

〔註58〕余英時：《中國思想傳統及其現代變遷》，廣西師範大學出版社，2004年，第240頁。

〔註59〕陳啓雲：《中國古代思想文化的歷史論析》，北京大學出版社，2001年，第41頁。

〔註60〕許倬雲：《中國文化與世界文化》，廣西師範大學出版社，2006年，第12頁。

學間存在的歷時性與共時性的差異，往往最終就會出現是否有比性的疑問。」
〔註 61〕

第四節　內在理路和互動研究

　　余英時在中國思想史研究中倡導「內在理路」方法，學界對此褒貶不一。張汝論認為「內在理路」應該是：「一是在此思想史傳統之內，二是思想觀念的內在演變發展。」張認為余英時提出內在理路是「切中中國思想史研究的時弊不失為一個有價值的正確主張。遺憾的是，他本人在思想史的研究中沒有始終貫徹這一主張。」〔註 62〕余英時的「內在理路」運用最多的地方是明清思想史，他是建立在這樣一個史學預設上：「從思想史的觀點看，我們不能把明清之際考證學的興起解釋為一種孤立的方法論的運動，它實與儒學之由『尊德性』轉入『道問學』有著內在的相應性。」〔註 63〕那麼什麼是內在理路，內緣與外緣的關係如何？余英時說：「所謂『內在理路』，只是說思想史本身也是一個具有相對獨立性的領域，有它內在的問題。我們可以從它的發展過程中找到從上一個階段轉變到下一個階段的線索（即所謂『理路』），但這並不是說思想史完全不受外緣因素（如政治、經濟）等的影響……事實上，我十分重視思想與社會的關聯，我最初研究中國思想史即從社會經濟的基礎上下功夫的。」〔註 64〕面對學術界的批評，他後來補充說：「我對清代思想史提出一種新解釋是因為我覺得以前從外緣方面來處理清代學術的幾種理論不能完全使我信服……卻不否定他們在一定限度內名有其有效性，我自己提出的『內在理路』的新解釋更不能代替以上各種外緣論。而不過是它們的一種補充，一種修正罷了。學術思想的發展絕對不可能不受種種外在環境的刺激，然而只講外緣，忽略了『內在理路』，則學術思想史終無法講得到家，無法講得細緻入微。」〔註 65〕「我的解釋必須建立在發展的內在理路上，而徹底排

〔註 61〕瞿林東：《史學理論與史學史學刊》2006 年卷，社會科學出版社，第 95 頁。
〔註 62〕張汝倫：《現代中國思想研究》，上海人民出版社，2001 年，第 552～553 頁。
〔註 63〕余英時：《中國思想傳統及其現代變遷》，廣西師範大學出版社，2004 年，第 179 頁。
〔註 64〕余英時：《中國思想傳統及其現代變遷》，廣西師範大學出版社，2004 年，第 343 頁。
〔註 65〕余英時：《中國思想傳統及其現代變遷》，廣西師範大學出版社，2004 年，第 210 頁。

除了像 17 世紀中國的政治，社會和經濟變化等外部因素。以前，在同一主
題的許多研究中這些外部因素得以彰顯，而我的研究與此不同。但這並不意
味著我贊成那種明顯不可能的看法，即觀念完全按照自己的邏輯發展而對外
部刺激毫無回應。我把純思想發展隔離於人類活動的其他領域，只是爲了歷
史分析的目的。思想史嚴格的內在解釋不是爲了與外緣解釋——無論是政
治、經濟還是社會的——爭雄更具有效性。相反，這個特別的解釋補充所有
這些外緣解釋。……可以斷言，如果外緣解釋有助於理解廣泛意義上的思想
運動，那麼內在解釋則可以單獨對這一運動爲什麼沿著它該有的特殊路線走
給出特別的回答。例如用清朝鎮壓的理論作爲清初學者從歷史轉向經典的令
人滿意的解釋可以被接受，但爲什麼對某一經典的考證會超出其他經典呢，
這是個特別問題，而其答案往往必須來自思想史本身。」〔註66〕

　　余英時的內在理路方法並非僅僅用於明清思想史研究，例如在《名教思
想與魏晉士風的演變》中，他批評說：「關於這一新士風的興起和發展，從來
的解釋都著眼在當時的政治、經濟和社會的一般背景方面。其中，尤以政治
的背景最受史學家的注意，即所謂『屬魏晉之際天下多故，名士少有全者』。
這一論斷，大體說來，是有堅強的根據的。但是，魏晉士風的發展並不是單
從外緣方面所能完全解釋得清楚的。」〔註67〕又如，對宋代以來新儒學的發
展研究時認爲：「憑著對宋代新儒學如此廣闊的界定，宋代到清代整個新儒學
的思想發展可以嘗試做一個新的分期。發展的三個不同階段清晰可見。宋代
是新儒學的開端，即第一階段……中間第二階段始於南宋晚期並臻於明
代……最後第三階段明確始於明末清初，成熟於 18 世紀……現在我們按照思
想史的內在理路繼續分析新儒學的以上三個階段。」〔註68〕

　　內在理路作爲一種研究思想史的方法，是有啓發性的，當然和任何一種
方法一樣，它也有其限度。余英時批評者多集中於此，但實際上，余英時在
實際的史學研究中，同樣注重互動研究。在 20 世紀 60 年代，他發表的《東
漢生死觀》一書中強調說：「在歷史領域。作爲獨立的分支，高層次思想的
研究久已得到良好地確立，大多數思想史的研究成果屬於這個範疇。與此相

〔註66〕余英時著，程嫩生、羅群等譯：《人文與理性的中國》，上海古籍出版社，2007
　　　　年，第 130～131 頁。
〔註67〕余英時：《儒家倫理與商人精神》，廣西師範大學出版社，2004 年，第 118 頁。
〔註68〕余英時著，程嫩生、羅群等譯：《人文與理性的中國》，上海古籍出版社，2007
　　　　年，第 121～122 頁。

反，民間思想極少得到思想史家的關注，儘管談得並不少。原因不難發現，思想史家如果從事民間思想的研究，便總是會使自己的研究面臨與社會史家的工作很難區分的困難。……在這個層次，思想史與社會史必須結合起來研究。」〔註69〕在《漢代貿易與擴張》一書中對外緣更爲重視，「我在本書中嘗試以貿易與擴張之間的相互作用爲中心主題，對漢代與胡族之間的經濟關係進行系統的描述。」〔註70〕「但是，任何想弄清它們二者中何者爲原因何者爲結果的嘗試將不可避免的以失望而告終……在這裏注意力應該更多地集中在二者之間的相互作用上，而不是將二者割裂開來的任何一方。」〔註71〕後來余英時在爲田浩的《朱熹的思維世界》作序時指出：「首先，此書不但是一部思想史的研究，並且注重思想的社會背景，因此也可以說是思想史與社會史交互爲用的研究。這和一般哲學史的取徑不同，而各有短長，但決無法相取代。……但是我也深知思想史與社會史的研究或有其本身的限制。這種研究的長處是能把思想史的發展放在當時的文化、學術、社會、政治等情況中求得瞭解，因而予讀者以既生動又具體的印象。其短處則稍不輕意即容易流入某種方式的化約論，以至決定論，使思想的自主性消失在外緣情境之中。」〔註72〕

尤其他的晚年巨著《朱熹的歷史世界》更是如此。余英時說：「本書並非著重於學術史、思想史的內在研究，注意的焦距毋寧集中在儒學與政治、文化以至社會各方面的實際關聯與交互作用。易言之，即將儒學放置在當時的歷史脈絡之中以觀察其動態。只有如此，我們才有可能重建朱熹所曾活躍於其中的眞實世界。」〔註73〕「相應於這種複雜而又獨特的歷史事象，本書採用了政治史與文化史交互爲用的研究方法。政治史處理的對象主要是權力結構及其實際運作，因此士大夫和皇權、官僚系統之間的關係，也構成本書的一個重要環節，雖然這不是主旨所在……文化史雖然必須涉及所研究的時代的種種觀念和理想，但並不對之作孤立的處理，而是把它們和實際生活聯繫

〔註69〕余英時著，侯旭東等譯：《東漢生死觀》，上海古籍出版社，2005 年，第 3 頁。

〔註70〕余英時著，鄔文玲等譯：《漢代貿易與擴張》，上海古籍出版社，2005 年，第 5 頁。

〔註71〕余英時著，鄔文玲等譯：《漢代貿易與擴張》，上海古籍出版社，2005 年，第 13 頁。

〔註72〕田浩：《朱熹的思維世界》，陝西師範大學出版社，2002 年，第 1 頁。

〔註73〕余英時：《史家史學與時代》，廣西師範大學出版社，2004 年，第 187 頁。

起來作觀察。這是文化史與哲學史或思想史根本區別之所本。」〔註74〕並指出：「政治現實與文化理想之間怎樣彼此滲透，制約以至衝突——這是政治史與文化史交互爲用所試圖承擔的主要課題。」〔註75〕

第五節　典　範

　　自庫恩提出「典範」以來，學術界對這種方法運用是比較多的。余英時也是比較推崇此法在中國思想史上的研究的。典範是什麼呢？余英時在評價胡適時指出：「從思想史的觀點看，胡適的貢獻在於建立了庫恩（thomas S. kuhn）所說的新典範（paradigm）而且這個典範約略具有孔恩所說廣狹兩義：廣義地說它涉及了全套的信仰，價值和技術（entire constellation of beliefs，valves and techniques）的改變；狹義方面，他的具體研究成果（如《中國哲學史大綱》）則起了示範（shared examples）的作用，即一方面開啓了新的治學門徑，而另一方面又留下許多待解決的新問題。」〔註76〕

　　典範具有哪些特點呢？20世紀70年代，余英時解釋道：「學術史上每當發生革命性的變化時，總會出現新的『典範』，在任何一門學術中建立新『典範』的人都具有兩個特點：一是在具體研究方面他的空前的成就對以後的學者起示範的作用；一是他在該學術的領域之內留下無數的工作讓後人接著做下去。這樣使逐漸形成了一個新的研究傳統，顧亭林和後來清代考證學的關係便恰是如此。」〔註77〕「清代考證學的典範是由顧炎武首先建立的」。〔註78〕

　　就典範如何發生發展的問題，余英時通過自己的具體研究做了說明。如對清代考證學的典範的解釋：「清代考證學的典範是通過文字訓詁以明古聖賢在六經中所蘊藏的道。這是他們共同遵奉的信仰、價值和技術系統。在這一系統之下，顧炎武以至戴震的考證作品則發揮了具體的示範作用（狹義的典範）。絕大多數的考證學家安於這個典範之內從事庫恩所謂的『常態的研究工作……』由於一個內容豐富的典範往往帶來無數的難題，需要個別地解決，

〔註74〕余英時：《史家史學與時代》，廣西師範大學出版社，2004年，第190頁。
〔註75〕余英時：《史家史學與時代》，廣西師範大學出版社，2004年，第190頁。
〔註76〕余英時：《現代學人與學術》，廣西師範大學出版社，2006年，第249頁。
〔註77〕余英時：《中國思想傳統及其現代變遷》，廣西師範大學出版社，2004年，第202頁。
〔註78〕余英時：《現代學人與學術》，廣西師範大學出版社，2006年，第290頁。

因此它的有效性可以維持一段很多長的時期，直到嚴重的危機出現。所謂危機是指在正常的研究過程中不斷遇到重大的變異現象，而漸爲原有的典範所不能納容……最後變異太大，已非調整典範所能濟事，那就到了新典範建立的時刻。新典範的建立便表示這門學術發生了革命性的變化。清代三百年的考證學到了五四前夕恰好碰到了革命的關頭。」〔註 79〕又如對現代史學評價顧頡剛時說：「顧先生『層累地造成中國古史』之說之所以能在中國史學界發生革命性的震盪，主要就是因爲它第一次有系統地體現了現代史學的觀念……在『史料學』或『歷史文獻學』的範圍之內，顧先生的『累層構成說』的確建立了庫恩所謂的新『典範』，也開啓了無數『解決難題』的新法門，因此才引發了一場影響深遠的史學革命」。〔註 80〕

　　值得一提的是，余英時曾運用典範方法進行研究紅學，對此也有分析，「我在上面用了『危機』一詞，這個名詞並不是泛指的；它來自庫恩的《科學革命的結構》那部名著，庫恩在該書中還提出了一個更重要的中心觀念，即所謂典範。由於『典範』和『危機』這兩個觀念可以幫助我們分析近代紅學的發展。我願意簡略地講一講庫恩的方法論……根據庫恩的提示，我們知道科學的成長並不必然是直線積纍的。相反地，它大體上是循著傳統與突破的方式在進行著，喜歡講辯證法的人也許不妨稱之爲『從量變到質變』……根據庫恩的理論，一切科學革命都必然基本上牽涉到所謂『典範的改變』……庫恩的研究充分顯示一切『常態科學』都是在一定的典範的指引下發展的……『典範』不但指示科學家以解決疑難的具體方式，並且在很大程度上提供科學家以選擇問題的標準……庫恩的『典範』頗近乎懷德海所說的『基本假定』或柯林伍德所說的『絕對前提』，它們都是在某一時代中被視爲天經地義而無從質疑的，而且離開了這些『假定』或『前提』當時的人甚至不知道如何去進行思考或研究……但是科學史上的『典範』並不能永遠維持。其一『典範』的地位，新的科學事實不斷出現必有一天會使一個特定的『典範』下解決難題的方法失靈，而終至發生『技術上的崩潰』。』這就是前面所提到的『危機』一詞的確切涵義。」〔註 81〕

〔註 79〕 余英時：《現代學人與學術》，廣西師範大學出版社，2006 年，第 290～291 頁。
〔註 80〕 余英時：《現代學人與學術》，廣西師範大學出版社，2006 年，第 392 頁。
〔註 81〕 余英時：《文化評論與中國情懷（下）》，廣西師範大學出版社，2006 年，第 142～144 頁。

余英時承認「典範」方法不是史學研究必須使用的方法，也可以採取其他方法。他在對胡適的《中國哲學史大綱》進行評價時說：「本文的分析之所以採取庫恩關於科學革命的理論，完全是為了說明上的方便，並且可以使考證學以外的一般讀者也把握到《中國哲學史大綱》在中國近代史學革命上的中心意義。但是本文的思想脈絡卻並非必須通過庫恩的一套概念才能表達出來。庫恩的理論也不是只適用於科學史的研究。」〔註82〕

第六節　想像和理想型

余英時對史學與想像力的關係給予了很高的評價，如，評價郭沫若時認為古史研究與想像力有極大關係時，他說：「如果我們認識到詩人的想像力在古史研究上的無比重要性，那麼對於郭沫若在這一方面的成就便不會特別感到驚異了。史學和想像力之間的關係現在越來越受到史學界的注意。」〔註83〕「（王國維、聞一多、陳夢家）等『從新詩人一變而為甲骨文、金文的研究者的』這個現象絕不是巧合，詩的想像和史的想像之間似乎存在著一道互通往來的橋梁。」〔註84〕其實他本人也曾多次運用這種方法，如在《說鴻門宴的座次》一文中他說：「那麼是誰安排這一座次的呢？史記既無明文，我們便不能不學胡三省一樣，運用一點歷史的想像了。」〔註85〕另外在《方以智晚節考》、《朱熹的歷史世界》等著作中也有精道的運用。

想像是什麼？余英時說：「所謂想像，也就是把許多孤立而相關的證據聯繫起來，想像其間究竟發生過什麼事。」〔註86〕余英時如何認識想像的作用的呢？「蓋歷史的想像，其作用絕不止於裝潢門面，更重要的用是樹立間架；只有在歷史間架已經構成之後，我們才能開始裝潢門面的工作。」〔註87〕

為什麼能在史學研究中運用想像呢？余英時分析說：「人性、人情與事理又有古今相去不遠的一面，否則歷史研究，甚至一切人文社會的研究都將

〔註82〕余英時：《現代學人與學術》，廣西師範大學出版社，2006 年，第 294～295頁。
〔註83〕余英時：《現代學人與學術》，廣西師範大學出版社，2006 年，第 405 頁。
〔註84〕余英時：《現代學人與學術》，廣西師範大學出版社，2006 年，第 405～406頁。
〔註85〕余英時：《史家史學與時代》，廣西師範大學出版社，2004 年，第 75 頁。
〔註86〕余英時：《史家史學與時代》，廣西師範大學出版社，2004 年，第 135 頁。
〔註87〕余英時：《史家史學與時代》，廣西師範大學出版社，2004 年，第 13 頁。

在理論上不可能成立。後代史家以自己的切身經驗印證以往的史事正是歷史想像力的一個重要組成部分。陳寅恪對此曾現身說法。」「西方哲學家中有人特別強調史家必須通過『現在』才能真正重建『過去』；『過去』和『現在』之間是無法截然分開的。所以在想像力中重建過去，史家往往要以『現在』為『證據』。」〔註88〕

史家的想像力建立在什麼基礎上呢？余英時在評價陳寅恪時有深刻的論述。他說：「陳寅恪之能重建這樣一個有血有淚的人間世界則不是依靠考據的工夫？他的憑藉是什麼呢？一言以蔽之，是歷史的想像力。他的想像力並不是始於或僅見於《別傳》。事實上他在中世史研究上所取得的重大成就也是由於想像力的運用。……這種想像力當然不是胡思亂想，它是基於史家對於人性和人世的內在面所具有的深刻瞭解，因此它必須深入異代人物的內心活動之中而與之發生共鳴。」〔註89〕

想像當然有其內在限制，余英時對此也有自己的看法。他說：「史家對於人性、人情、事理懂得越多，挖得越深，他的想像力也越大。但歷史重建所需要的想像力又必須受歷史的客觀情況的約制。每一時代的禮俗，制度、道德觀念、意識形態等都有其特殊性，甚至同一時代也有各地方風俗之異。這些當然都是史家必須首先具備的基本知識。」〔註90〕「這是想像力駕馭考證，而不是全由考證建立起來的歷史事實。在這種地方，史家的想像和小說家的想像是極其相似的。所不同者，史家想像必在一定的時空之內，並且必須受證據的限制而已。」〔註91〕杜維運就歷史想像在史學方法中的重要性及其所受限制做了論述。〔註92〕

余英時基於對想像的重視，認同並運用韋伯提出的「理想型」方法進行史學研究也是頗有特色的。他在《關於韋伯、馬克思與中國歷史研究的幾點反省》一文中對韋伯的「理想型」方法進行了評價分析。

什麼是理想型呢？余英時說：「這種廣大的影響力當然來自韋伯的「理想型」的研究法。他的具體研究對象是加爾文教派，他所全神貫注的則是通過具體的歷史經驗而建立一種「理想型」。「理想型」雖不是韋伯最先發明的，

〔註88〕余英時：《現代學人與學術》，廣西師範大學出版社，2006年，第166頁。
〔註89〕余英時：《現代學人與學術》，廣西師範大學出版社，2006年，第166頁。
〔註90〕余英時：《現代學人與學術》，廣西師範大學出版社，2006年，第166頁。
〔註91〕余英時：《現代學人與學術》，廣西師範大學出版社，2006年，第167頁。
〔註92〕杜維運：《史學方法論》，北京大學出版社，2006年，第149～159頁。

但卻是因爲經過他的大規模的運用而卓著成效的。所謂「理想型」最簡單地說，即是通過想像力把歷史上的事象及其相互關係聯結爲一整體。這樣建立起來的「理想型」，其本身是一個烏托邦，在真實世界中是找不到的。但是，從另一方面看，「理想型」超越了經驗而同時又包括了經驗。它本身不是歷史的本相，但爲歷史本相提供了一種清楚的表現方式，它本身也不是一種假設，但其目的則在引導出假設的建立。我們必須先建構『理想型』，以與實際的歷史經驗相比較，然後才能看出一組歷史事象中的某些構成部分是特別有意義的。所以『理想型』的建構一方面是以特殊的歷史經驗爲對象。另一方面又以具有普遍意義的問題爲核心。」〔註93〕同時指出，理想型是不斷發展的，「由於『理想型』中的普遍性永遠離不開特殊的歷史經驗，史學家在研究過程中便不得不根據特殊的經驗對象而不斷地創造新的『理想型』；同時一切已建構的『理想型』也不能不隨著新的研究成果的出現而不斷地受到修正。」〔註94〕

　　余英時進而認爲，「理想型」方法也有缺陷：「我們當然無法苛責韋伯，不過我們必須由此領取一個極深刻的教訓：即他的「理想型」（ideal type）研究方式本身實含有極大的危險性。無論多麼圓熟的理論家或多麼精巧的方法論者，如果缺乏足夠的知識，終不免會犯嚴重的錯誤。」〔註95〕後來余英時也經常運用這種方法，「更具體地說，范仲淹本人是否隨時隨地都做到了『以天下爲己任』或『先憂後樂』，在這裏是一個次要問題。這個問題只有在研究他本人的生命史時才會真正出現。但是他提出了這一新的『士』的規範之後，很快地便在宋代『新儒家』之間得到巨大的回響，以至朱子竟斷定他『振作士大夫之功爲多』。這一客觀事實的本身說明：一個嶄新的精神面貌已浮現於宋代的儒家社群之中。後代所指的『宋代士風』不是研究了每一個『士』的個人生命史之後所獲得的綜合斷案，而是『觀其大略』的結果。在方法論上，這正是所謂『整體研究法』（holistic approach），也就是韋伯的『理想型』（ideal type）。」〔註96〕「必須說明，我並未有心尋找這類記載，以上所引的只不過是在閱讀諸家文集的過程中偶然摘錄下來的幾條罷了。如果刻意去做系統的搜集，所得當遠不止此。但是我深信這些抽樣而得來的例

〔註93〕余英時：《儒家倫理與商人精神》，廣西師範大學出版社，2004年，第218頁。
〔註94〕余英時：《儒家倫理與商人精神》，廣西師範大學出版社，2004年，第218頁。
〔註95〕余英時：《儒家倫理與商人精神》，廣西師範大學出版社，2004年，第252頁。
〔註96〕余英時：《儒家倫理與商人精神》，廣西師範大學出版社，2004年，第280頁。

子是相當代表性的,至少已足以說明本篇的主要論點之一。」〔註97〕

1987 年,余英時說:「本書所刻畫的『士』的性格是偏重在理想典型的一面。也許中國史上沒有任何一位有血有肉的人物完全符合『士』的理想典型,但是這一理想典型的存在終是無可否認的事實,它曾對中國文化傳統中無數眞實的『士』發生過『雖不能至,心嚮往之』的鞭策作用。通過他們的『心嚮往之』,它確曾以不同的程度實現於各個歷史階段中。本書的目的僅在於力求如實地揭示『士』的思想典型在中國史上的具體表現,決不含絲毫美化『士』的歷史形象的用意。」〔註98〕「當然,孔、孟以至劉向關於『士』的界說都只能當作『理想典型』(ideal type)來看待。事實上眞能合乎這種標準的士終屬少數。」〔註99〕

當代學者林同濟認爲,史華慈對韋伯提出的「理想型」,是有所保留的。在史華慈看來,韋伯在討論近代官僚制度時,似乎忘記了自己對人基本上是非常複雜的看法,從而多少忽視了理想型和現實之間的區別。理想型有一種決定論的傾向。〔註100〕

第七節　心理分析和重演論

起源於西方的心理分析方法能否運用到中國文化和史學的研究中呢?當代學者申荷永希望「在中國文化心理學的基礎上發展出一種有效的心理分析理論,包括方法與技術,」〔註101〕他進一步說:「在中國文化心理學基礎上賦予其『心理分析』的本義和廣義的內涵。」〔註102〕反過來說,他認爲心理分析是可以應用到中國文化或史學中去的。1998、2002、2005 年心理學界召開的三屆「心理分析與中國文化國際研討會」也是證明。並且就中國傳統文化而言,更注重心性與體驗,心理分析方法應有其獨特的魅力。

余英時作爲一名思想史家,對心理分析有獨特的運用,其中早年表現爲

〔註97〕余英時:《儒家倫理與商人精神》,廣西師範大學出版社,2004 年,第 317 頁。
〔註98〕余英時:《中國知識人之史的考察》,廣西師範大學出版社,2004 年,第 120 頁。
〔註99〕余英時:《中國知識人之史的考察》,廣西師範大學出版社,2004 年,第 135 頁。
〔註100〕林同濟:《人文尋求錄——當代中美著名學者思想辨析》自序,新星出版社,2006 年,第 17 頁。
〔註101〕申荷永:《心理分析——理解與體驗》,三聯書店,2004 年 7 月,第 3 頁。
〔註102〕申荷永:《心理分析——理解與體驗》,三聯書店,2004 年 7 月,第 3 頁。

對章學誠的研究。

　　在對章學誠的研究中，《章實齋的「六經皆史」說與「朱陸異同」論》一文是余英時心理分析的代表作。〔註 103〕如，余英時在分析「朱陸異同」論時指出：「從心理方面說，我們可以通過這個理論來瞭解東原在實齋心中的地位及實齋的自我評價。我們甚至可以武斷地說，如果不是由於東原的影子時時在困擾著實齋，實齋未必會發展出他的朱、陸新解。」〔註 104〕最近英人（zsaiash berlin）分析思想史與文學史上「狐狸」（fox）與「刺蝟」（hedgehog）之兩型，則更能幫助我們對實齋的朱陸異同論的深入認識。〔註 105〕應當說明的是，余英時並非僅僅從心理方面來考察的，也注重歷史方面。

　　余英時認爲章學誠撰《浙東學術》是用來補《朱陸》的不足。爲什麼這樣說呢？余英時認爲從心理方面顯然章學誠是要爲他在「宋、明以來的儒學傳統中找一個適當的位置。……實齋對浙東學術的誇張，其心理背景自兩方面說之，一方面是實齋的寂寞以至『孤憤』……實齋撰《浙東學術》的另一種心理背景則直接與東原有關。〔註 106〕余英時並分析了歷史眞實與心理眞實的不同：「實齋說梨洲的浙東之學較之亭林爲源遠流長，又說南宋以來浙東儒哲言性命者必究於史，這些顯然都不免有誇張之嫌。但在實齋的潛意識裏，這種誇張也許反而是十分眞實的，研究實齋後『朱陸異同論』，我們必不可把歷史眞實（historical truth）和心理眞實（psychological truth）混爲一談。」〔註 107〕

　　余英時在評價章學誠論性情時指出：「實齋此處論性情有極深刻的心理學的根據。他所說的「有入識最初而終身不可變易」之性及「有欣慨會心而忽蔫不知歌泣何從」之情，都是對於現代心理學上所謂「認同感」（sense of identity）的一種描述。（並以艾理遜分析詹姆士來分析章實齋）並進一步寫到：「家書、信札及師友傳記中找資料，必會有更豐富的收穫。」〔註 108〕余英時

〔註 103〕余英時：《中國知識人之史的考察》，廣西師範大學出版社，2004 年。

〔註 104〕余英時：《中國知識人之史的考察》，廣西師範大學出版社，2004 年，第 411 頁。

〔註 105〕余英時：《中國知識人之史的考察》，廣西師範大學出版社，2004 年，第 425 頁。

〔註 106〕余英時：《中國知識人之史的考察》，廣西師範大學出版社，2004 年，第 412 ～416 頁。

〔註 107〕余英時：《中國知識人之史的考察》，廣西師範大學出版社，2004 年，第 417 頁。

〔註 108〕余英時：《中國知識人之史的考察》，廣西師範大學出版社，2004 年，第 422

認爲年譜可以爲心理史學提供線索，並以胡適《章實齋年譜》推論章早年有認同危機，但他同時指出：「我是十分願意看到受有嚴格心理史學訓練的來研究中國的歷史人物。但是我並不認爲從心理史學觀點寫成的新傳記可以完全代替年譜的功用。不但如此，年譜學的進展，反而可以爲心理史學提供研究上的便利。」〔註109〕

余英時在此還引用了威廉‧姆士等人論點來分析性情問題：「從人的內在性情來分別思想史上的主要流派，近代西方學者中也不乏其人，取而與實齋作一比較，頗爲有趣，最有名的當然要數威廉‧姆士的『軟心腸』和『硬心腸』之分。」〔註110〕

近年來，余英時再次顯示了對心理分析方法的成功運用，集中體現在《朱熹的歷史世界》的有關章節。

首先，余英時是如何認識心理史學的呢？他認爲：「從二世紀 50 年代末開始，不少心理學家和史學家都注意到有些歷史現象非藉重心理學不能得到徹底的理解。因此而有心理史學（psychohistory）的興起。當時心理學家艾理克遜的影響尤大。」〔註111〕但他對自己的文章卻不認同爲心理史學，他說：「最後必須鄭重聲明，本章基本上仍是一種歷史重建的嘗試。我既沒有受過心理專業的訓練，自然不敢對古人進行心理分析，因此本章關於孝宗『生命史』的研究也不夠資格稱爲心理史學；充其量，這不過是受到心理分析啓發的史學作品（history informed by psychoanahysis）而已。」〔註112〕這除了有謙虛之外，一是與余英時的多元史觀有關。他指出：「以上兩節論孝宗的心理歷程及其在心理史學上的含義，其目的只是給孝宗時代的政治文化增添一個理解的層面。這是心理的層面，可以與其他層面如思想、權力等互相映照，但卻不能將其他層面化約到心理的層面。我不取任何歷史決定論的預設立場，心理決定論也包括在內。」〔註113〕二是在余英時看來，史學可以借鑒其他學科的方法，但不能套用其理論，心理分析運用到史學有其內在限制。余說：「本章以下個節參考了艾氏的多種著作，但心理分析是受文化約

頁。
〔註109〕余英時：《現代學人與學術》，廣西師範大學出版社，2006 年，第 302 頁。
〔註110〕余英時：《中國知識人之史的考察》，廣西師範大學出版社，2004 年，第 424 頁。
〔註111〕余英時：《宋明理學與政治文化》，廣西師範大學出版社，2006 年，第 183 頁。
〔註112〕余英時：《宋明理學與政治文化》，廣西師範大學出版社，2006 年，第 183 頁。
〔註113〕余英時：《宋明理學與政治文化》，廣西師範大學出版社，2006 年，第 231 頁。

制的，因此在借鏡的時候我不能不作相應的調適。」〔註114〕在另一處余英時認為：「從心理分析的觀點來研究歷史人物至少有兩個不易克服的內在限制。第一是材料的限制，只有極少數的歷史人物留下了心理方面的材料。第二是理論的限制，『關鍵性時刻』的假設使得研究者不可避免地要偏愛傳主早年的心理經歷而輕忽中年以後懂得『誌事』和『生平』。」〔註115〕

　　余英時自己如何運用的呢？在分析宋孝宗對宋高宗的情感問題上，余英時充分運用了「史學與心理分析的交互為用」的方法。他運用了心理學中顯意識與潛意識的概念分析了宋孝宗對宋高宗的正面情感與負面情感。他首先承認自己是受到了現代心理分析的暗示，並進一步說：「心理分析的診治經驗則告訴我們，化潛為顯似不如此簡易。」因為「顯意識的證據較多，可潛意識的證據似乎不存在，只能運用心理分析方法。」〔註116〕可余英時卻偏偏從宋孝宗的正面情感（即顯意識）中發現了其負面情感（即潛意識），在這裏他引用了弗洛伊德的「情感衝突」說來證明的。那麼如何才能建立可靠的心理史學的解釋呢？余英時認為：「只有在深入孝宗一生的心路歷程之後，才有可能充分理解他為什麼在潛意識存在著對高宗的負面感情，以及這種負面感情究竟屬於什麼性質。為了完成這一任務，下面將試圖對孝宗的『生命史』（life history）進行個案研究，一方面建立相關的基本事實，一方面借鏡於心理史學已有的範疇。」〔註117〕在分析過程中，由於孝宗的特殊原因，不能向其他心理史學那樣通過其作品來顯示其心理，只能通過宋孝宗個人的行為，時人的評價和弗洛伊德、艾理克遜的心理分析理論進行架構。這種方法一方面開創了心理分析史學的新境界，另一方面，實在是不得已而為之，因為它帶有極高的危險性，由於證據的缺失，容易陷入作者自我設計的假設之中，背離了歷史的真實面貌。

　　余英時之所以能充分應用這一方法與他對同情的瞭解或重演論的認識是分不開。余英時認為。史學是人文學科，與自然學科研究的對象是不同的，才會有「同情」的問題。他認為：「史學上的『同情』主要是指對於歷史人物——無論是善人或惡人——都必須深入瞭解他為什麼要說某些話，做某些

〔註114〕余英時：《宋明理學與政治文化》，廣西師範大學出版社，2006年，第183頁。
〔註115〕余英時：《現代學人與學術》，廣西師範大學出版社，2006年，第304頁。
〔註116〕余英時：《宋明理學與政治文化》，廣西師範大學出版社，2006年，第180～181頁。
〔註117〕余英時：《宋明理學與政治文化》，廣西師範大學出版社，2006年，第183頁。

事；對於個別的應該如此，對於一個群體也應該如此。即使是殘民以逞的暴君，我們也一樣對他的行為進行心理和處境方面的瞭解。」他同時指出，「史學上所謂『同情』並不是史學家濫施他個人的情感，反而是收斂個人的情感。史學家在研究過程中必須盡量撇開自己的主觀好惡、時代偏見等；透過對遺存史料的反覆推求，史學家才有可能進入古人的內心世界和生活世界。」他提醒說：「在『同情的瞭解』史學家事實上並未下價值判斷。……『褒』、『貶』如果先行，『同情的瞭解』便不可能發生了。」〔註118〕余英時的「同情的瞭解」方法與美國中國史專家拉鐵摩爾運用的「移情」（empathy）方法相同，即為了理解對方，設身處地地體會對方的思想，感情和處境。

在早年，余英時就對此方法感興趣，如他認為：「章實齋這一史學致知的途徑與柯林伍德的歷史方法論（重演論）相近似。」〔註119〕但不可否認，對於這一方法，早年余英時是有過困惑的，因為他認為「不同思想境界之間是有著怎樣的一道不可逾越的鴻溝。你無法完全體現到我的思想深度，我也不可能用我的想像來代替你的思維。」〔註120〕這也說明他當時思想的不成熟。後來他堅定了對這一方法的運用。如在研究戴震和章學誠時說：「我正是企圖從上述兩派（戴、章）的愛憎糾纏中解脫出來，希望可以達到一種『同情的瞭解』的境地，研究思想史不是為了『打倒』什麼或『擁護』什麼。研究者更不能用自己以為是高深或正確的理論籠罩古人……可見上面所說的『理性』和『容忍』在學術思想史的研究方面也是十分需要的。」〔註121〕在《猶記風吹水上麟——敬悼錢賓四師》一文中他說：「從此以後，我便常常警誡自己不能武斷，約束自己在讀別人的論著特別是自己不欣賞的觀點時，盡量虛懷體會作者的用心和立論的根據。」〔註122〕在《朱熹的歷史世界》一書中也明確表達說：「本書是史學作品，我盡量以同情的理解試建宋代政治文化史的大綱維。」〔註123〕在另一處他說：「我理想中的『知人論世』既不是給朱熹（1130

〔註118〕李宗陶：《文化傳統不可能隨制度的死亡而消失——對余英時先生的書面訪談》，《南方人物周刊》，2007年2月1日，第66頁。

〔註119〕余英時：《史家史學與時代》，廣西師範大學出版社，2004年，第162頁。

〔註120〕余英時：《文化評論與中國情懷（上）》，廣西師範大學出版社，2006年，第64頁。

〔註121〕余英時：《中國思想傳統及其現代變遷》，廣西師範大學出版社，2004年，第341頁。

〔註122〕余英時：《現代學人與學術》，廣西師範大學出版社，2006年，第74頁。

〔註123〕余英時：《宋明理學與政治文化》，廣西師範大學出版社，2006年，第305～

～1200）寫一篇傳略，也不是撮述其學術思想的要旨，更不是以現代人的偏見去評論其言行。我所嚮往的是盡量根據最可信的證據以重構朱子的歷史世界，使讀者置身其間，彷彿若見其人在發表種種議論，進行種種活動。由於讀者既已與朱子處於同一世界之中，則對於他的種種議論和活動便不至於感到完全的陌生。」〔註124〕

　　我們在認識「同情的瞭解」（重演論）這一方法時必須區分「移情」與「共情」兩個概念。所謂「移情」，就是將自己的內在的情感通過投射而轉移到某一對象身上，而「共情」是一種能夠體驗到別人情感與心情的能力，投射本身在此已不重要，因為這已不是單純的轉移情感，而是共情者本心的呼應與共鳴。不難看出，「同情的瞭解」更傾向於「共情」而不是「移情」，許多人誤解了「同情的瞭解」這一方法主要原因是混淆了上述兩個概念。余英時正是認識到了這一點才對這種方法有深刻的認識和運用。

---

306 頁。
〔註124〕余英時：《中國知識人之史的考察》，廣西師範大學出版社，2004 年，第 320頁。

第六章　余英時學術著述論略

第一節　漢代思想史

　　《東漢生死觀》是余英時 1962 年的博士論文，經修改後於 1964～1965 年發表在《哈佛亞洲研究學刊》。余英時首先對於思想史研究方法進行了反思，對於只研究「高」層（正式）思想而忽視「低」層（民間）思想並不滿意，並且也指出，研究民間思想必須將思想史與社會史相結合。其次，如何界定民間思想，余英時也不同意那樣單向度的界定，而認為民間思想與正式思想是雙向交流的。他顯然受到了洛夫喬伊《存在的巨鏈》一書的影響，對觀念的研究要超越純思想領域。但他同時也反對決定論中的「因果觀念」，他堅持觀念本身擁有某種限度的超越性。此觀點受到了史華慈的影響，也是余英時一貫堅持的。

　　余英時通過東漢生死觀念的變遷，來論證他的上述主張。對於東漢生死觀念的研究，余英時採取的是上下觀念貫通和高、低思想互動兩種方法的結合。因為如他所說，觀念史有自身的生命和歷史，不是社會的附屬物。當然，觀念和社會也是緊密相聯的，尤其在民間思想中，更是如此。思想內部的高、低層面的相互影響也是余英時給予關注的。

　　余英時認為，生死觀是個普遍性問題，人們生活中的各個方面都有反映。〔註 1〕在他看來，就漢代而言，更傾向於洛夫喬伊界定的「此世性」

〔註 1〕 人們源於對死亡的恐懼和對生命的渴望，總是試圖對生死觀念進行解釋。這種觀念在中國起源甚早。周代青銅器上銘文上已有「祈眉壽」的觀念。（參見

（this-worldness）。〔註2〕表現爲對此生強烈的依戀感和來生觀念的凸現。而且他還將東漢儒學和民間道教作爲高低層面進一步論述了漢代的此時精神。他以《春秋繁露》、《白虎通》和《太平經》爲例，如《太平經》關注世俗，重在道德來自於儒學，而強調陽尊陰卑則成爲儒學哲學的組成。再如儒家的三綱也爲道家曲折採用。儒生精通道教也不少見，東漢的讖緯之學就是證明。

余英時首先探討了生與不朽的觀念，其目的在於指出古代中國人的「現世精神」。余英時認爲：「生的觀念在古代中國人的頭腦中佔據獨一無二的位置。」〔註3〕東漢時期「生」的觀念對於中國更爲突出。從思想發展史的角度，他考察了戰國末期到漢代初期，中國人關於「生」的理解。他通過對早期道家、儒家思想的解讀，認爲：「生的觀念沿著兩條主線發展，一條是儒、道將生視爲宇宙的一種創生力量，另一條是道家的概念，強調的是個體生命的重要。」〔註4〕在此討論中，余英時運用道教的《太平經》、《老子想爾注》等重點分析民間思想中的生的觀念。

既然如此重「生」，自然對個體生命特別關注。另外兩個古老的觀念「長壽」、「不朽」則緊接著成爲他探究的對象。「不朽」是「長壽」觀念的自然延伸。若向後看，則是「成仙」。則余英時看來，不朽分爲「世間不朽」、「彼此不朽」，這兩種觀念在漢代時匯合在一起的。他認爲就「不死」與「仙」兩個觀念，在秦始皇以前，只有間接的聯繫。而在秦始皇求仙的過程中，「世間不朽」、「彼世不朽」出現了匯合趨勢。而到了漢武帝，則求仙熱情更爲高漲，但不朽的觀念卻是轉向世間的。而在民間思想中，對於不朽成仙最高形式是形體不朽而昇天。此外如不死藥方、不死藥等也很流行。當然也有轉向世間的趨向，即「仙」的世間轉化問題。〔註5〕

如何在此世不朽，自然還是長壽，余英時接著更爲具體的考察了養生長壽問題。在漢代士人中，養生風氣極爲普遍。養生與道家的關係，歷來被人

秦永軍等：《河南商水縣出土周代青銅器》，《考古》，1989 年 4 期。）
〔註2〕 洛夫喬伊是美國觀念史理論的代表人物，代表作如《存在的巨鏈》。
〔註3〕 余英時著，侯旭東等譯：《東漢生死觀》，上海古籍出版社，2005 年，第 17 頁。
〔註4〕 余英時著，侯旭東等譯：《東漢生死觀》，上海古籍出版社，2005 年，第 18 頁。
〔註5〕 不僅如此，漢之前的神仙體系屬於蓬萊三山，而東漢先民概念中的仙界是以居於崑崙山的西王母爲核心的。（具體原因參見顧頡剛：《〈莊子〉和〈楚辭〉中崑崙和蓬萊兩個神話系統的融合》，《中華文史論叢》，1972 年第 2 期。）

們所認可，余英時相信，這兩者並非出於同一源頭，他分析了養生與道家相聯繫的過程，即如何在發展中開始相遇並交彙融合的。他所發現的最早文獻是桓譚的記載。就養生與求仙的關係看，漢代士人養生與求仙在終極目標上是有基本不同的。前者求長壽，而後者求不死。養生顯然更帶有此世的特點，具有現實性。當然，二者就方式上有許多相同之處。〔註6〕

　　與「壽」相關的另一問題「命」。漢代人對此也十分重視。余英時首先舉出了《白虎通》中提到的「命」的三種不同含義。並以王充說的「正命」、「隨命」、「遭命」加以區分。詳細分析了與「壽」的關係。這個論題不僅在士人中有強烈的興趣。就是民間百姓也參與其中。余英時以《太平經》爲例進行了分析。而且，《太平經》成功的調和了三命對立的局面，使它們都成爲人命說的組成部分，解決了漢代思想家的難題。

　　至於漢代「死」觀念。余英時認爲有自然主義和迷信兩種對立的死亡觀。自然主義死亡觀在中國有著傳統淵源。在求仙盛行之前，多數中國人相信死亡不可避免的。〔註7〕漢代「有始必有終」的普遍說法則是死不可免的一種發展。余英時認爲莊子的哲學「作爲一個整體，對後來，特別是對漢代的自然主義生死觀的發展有不小的影響。」〔註8〕「氣」作爲生死的界限在漢代是共同的信念，儘管「氣」作爲生死的決定因素這種觀念來源早於漢，但這種觀念的重要性在漢代是十分凸現的。余英時進一步論證了這種觀念不但在士人之間流行，而且也爲普通百姓接受。

　　「死」的迷信觀點，主要包括人們對死後生活的相信。漢代人更傾向於人死後成鬼的說法。而「鬼」最流行的是被看作死人的「魂」。余英時考察了從商周至漢代「鬼」是死人的「魂」這一信仰的發展過程。至於「鬼」的

〔註6〕　韓吉紹認爲，原來僅從信仰角度把握漢代神仙概念是不全面的，這只是從西方文化的角度入手。還應強調煉丹這一知識性背景的興起。（韓吉紹：《知識斷裂與技術轉移：煉丹術對古代科技的影響》，山東文藝出版社，2009年，第95頁。）此外，李零對先秦方術的研究。（《中國方術考》（修訂本），東方出版社，2001年。）葛兆光在介紹先秦思想史也注意到神仙思想的廣泛存在。（《中國思想史》（第一卷），復旦大學出版社，2005年，第217～230頁。）這些都與余英時的看法相類似。

〔註7〕　余英時著，侯旭東等譯：《東漢生死觀》，上海古籍出版社，2005年，第78頁。

〔註8〕　余英時著，侯旭東等譯：《東漢生死觀》，上海古籍出版社，2005年，第79頁。

居住世界即陰間的觀念，余英時則認爲這一時期並不發達，他以《太平經》中的死後生活觀念爲例，指出，此時死後生活的觀念更多反映了現世精神與人文精神，是人間的延伸。與此相關的思想問題則是「神滅爭論」。在漢代葬俗上則表現出的厚葬和薄葬爭論。余英時以楊王孫的信爲主線分析了有關思想變化。他在此注意到實際生活中所反映出來的社會思想。如厚葬風俗以及社會問題，則也成爲爭論批評的論據，以及薄葬運動的經濟因素，但他更注意到觀念因素的作用：「即變化中的死亡觀。」〔註 9〕並進一步融入到神滅問題的爭論。至於形神問題，在漢代表現爲三條主線：物質重要、精神重要或二者等同，余英時以《太平經》的論點作了說明和解釋。

第二節　漢代經濟社會史

1967 年，余英時發表的《漢代貿易與擴張》是對於中外交通貿易體制的整體研究。〔註 10〕

余英時認爲，「漢代中國的貿易與擴張緊密的交織在一起，在現實中很難將它們割裂開來。」〔註 11〕因此注意力應該集中在二者之間的相互作用上。他對於傳統中國的貿易交換的認識不同於韋伯的「禮物貿易」，而認爲是「通貢貿易」。胡漢貿易在余英時這裏被理解爲一種擴張方式，不僅僅是拉鐵摩爾指出的戰爭方式。〔註 12〕

要理解漢代貿易與擴張的關係，首先要對漢政府的政策和當時中國的貿易基礎進行考察。余英時首先考察了漢代的對外政策、經濟政策和商業政策。西漢的對外政策主要是針對匈奴的，漢高祖平城失敗後採取了和親政策。即

〔註 9〕　余英時著，侯旭東等譯：《東漢生死觀》，上海古籍出版社，2005 年，第 3 頁。

〔註 10〕　謝和耐、丹尼斯·塞諾、麥尼爾等都曾關注和引用余英時此書的研究成果。（參見〔法〕謝和耐著；黃建華，黃迅餘譯：《中國社會史》，江蘇人民出版社，2008 年版。〔美〕丹尼斯·塞諾（Denis Sinor）著；北京大學歷史系民族史教研室譯：《丹尼斯·塞諾內亞研究文選》，中華書局，2006 年版。麥尼爾著，倪大聽、楊潤殷譯：《競逐富強》，學林出版社，1996 年版。）

〔註 11〕　余英時著，鄔文玲等譯：《漢代貿易與擴張——漢胡經濟關係結構研究》，上海古籍出版社，2005 年，第 13 頁。

〔註 12〕　此書得益於嚴耕望的《中國地方行政制度史》，尤其是甲部「秦漢地方行政制度」。余英時評價說：「以我個人的切身體驗而言，我過去研究漢代貿易與擴張和循吏的文化功能都曾得力於《中國地方行政制度史》所提供的基本架構。」（嚴耕望：《治史三書》，上海人民出版社，2008 年，第 299 頁。）

送一定「禮物」和一位「公主」。和親並未起到相應的作用，漢武帝決定發動戰爭，並爲了切斷匈奴與中亞的聯繫，派使節出使西域。而東漢時匈奴已分爲兩部分，而南匈奴已經納入中國的納貢體制，東漢「首先要考慮的不是進一步擴張，而是如何在不擾亂內部秩序的情況下把這些胡族群體納入帝國的懷抱中。」〔註13〕東漢採用的是「以夷制夷」、「以夷伐夷」的政策。

對外政策無疑會對經濟和商業政策產生深遠影響。漢武帝的新經濟政策，尤其對鹽、鐵、酒等的專賣爲人們熟知。總體上漢武帝時期是重農抑商的。余英時認爲這僅僅是表面現象，「不僅總的經濟條件有助於貿易的發展，而且法律本身剛確立就被廢弛了。」〔註14〕東漢則在政策上對貿易的發展非常有利。因爲漢光武帝的成功本身得益於商人家族的支持。即使專賣政策，也採取了地方化的制度，而且存在時間也很短。

就貿易基礎而言，余英時對於農業和工業資源、運輸系統進行了分析。漢代農業進入一個新的紀元。西漢鐵器、牛耕技術的使用，東漢的灌漑技術等都促進了農業的發展。在出口的物品中，絲綢最爲著名。在工業方面，鐵器是最重要的。此外是銅，如銅鏡在國內外市場上很受歡迎。

分析農業和工商業資源狀況，余英時側重點是與貿易和擴張直接相關的一些發展。而其中漢政府作用是非常重要的。漢代與西羅馬帝國不同，它把作坊建在生產原料的地方，有意識的依靠特定資源的地理背景發展工業。這些政府控制的作坊爲漢帝國的通貢貿易提供了經濟基礎。

正如韋伯所說的，商業作爲職業存在的技術條件是運輸，也就是要依賴交通設施。秦漢時期大規模的道路修建計劃，使得帝國有了一個高速道路系統。不但陸路，水路也得到改善。儘管漢政府的目的是爲政治和軍事考慮的，但也被商人們所利用。就交通工具而言，陸地上主要是車輛、馬、牛和驢。而對於商人，牛和驢是最爲重要的運貨工具。水運主要是船和筏。在運輸線上的住宿設施傳舍和驛站系統，這些也可以提供給非官方民間行人。此外，還有私人旅館。

漢朝時貢納體系定型時期，這一對外模式影響到 19 世紀末。余英時考察了這一體系建立的過程。對於西漢初年，貢納體系的組成在沒有明確前，

〔註13〕余英時著，鄔文玲等譯：《漢代貿易與擴張——漢胡經濟關係結構研究》，上海古籍出版社，2005 年，第 22 頁。

〔註14〕余英時著，鄔文玲等譯：《漢代貿易與擴張——漢胡經濟關係結構研究》，上海古籍出版社，2005 年，第 25 頁。

許多儒家學者仍在和親體制下提供構想的。如賈誼和董仲舒。當然他們的提議也爲貢納體系的形成做出了貢獻。就貢納體系下漢胡經濟往來主要有兩種形式：「貢品」與「帝國的禮物」的交換，以及合法的和走私的常規貿易。〔註 15〕余英時主要對「貢品——禮物」形式作了討論。其中以匈奴爲分析的重點。就匈奴而言，漢朝所關注的是如何將其納入貢納體系。余英時指出其條件爲：「只有在匈奴的軍事力量非常衰弱，經濟上更加依賴於中國的援助之後。」〔註 16〕經過一系列積聚的變化，直到漢宣帝時，才最終將匈奴按入貢納體系。就匈奴而言，主要也是經濟的考慮。貢納體系與和親不同，至少在理論上，中國的「禮物」是在互惠基礎上賜予的，而且，「禮物」沒有規定數量，只根據需要進行賞賜。西漢爲了其政治目的，要不定期的用不斷增長的禮物轉化爲經濟武器，從而控制匈奴。王莽和東漢初年，匈奴力圖回到「和親」關係，但光武帝成功的將其帶回了貢納體系，從而使其規範化，「匈奴每年定期從中國得到供給，但也必須每年向漢廷進獻貢品。」〔註 17〕其次是其他胡族：羌、烏桓和鮮卑，處於匈奴和漢中間，慢慢也進入貢納體系，當然各自與漢朝的相互關係不盡相同。

余英時指出，就整體而言，漢代的貢納體系是不穩定的，因爲貢納體系要求的特定條件（政治、軍事、經濟等）都是在變動的，因此，這個體系不可能是穩定的。就經濟看，胡族總是把進貢當貿易的外衣，而漢帝國則爲了維持貢納體系，每年付出的是收入的主要開支。

胡漢經濟交往中另外一個重要的部分是歸降後的胡族。余英時對此進行了專門考察。對於他們的管理是介於貢納體系與郡縣制度之間的折衷物。對于歸降對蠻夷化爲不同類型，組成「屬國」「部」等行政管理模式。從經濟看，余英時認爲，整體上外蠻夷比內蠻夷好，西漢比東漢好。余英時通過對歸降後的賦稅徵收的變化解釋了上述觀點。

中外經濟交往中，貿易當然是主要的方式，漢代也不例外。余英時考察了邊境貿易、與西方國家的陸路貿易、海上貿易三種類型。漢代商人在邊境

〔註 15〕余英時著，鄔文玲等譯：《漢代貿易與擴張——漢胡經濟關係結構研究》，上海古籍出版社，2005 年，第 41 頁。

〔註 16〕余英時著，鄔文玲等譯：《漢代貿易與擴張——漢胡經濟關係結構研究》，上海古籍出版社，2005 年，第 44 頁。

〔註 17〕余英時著，鄔文玲等譯：《漢代貿易與擴張——漢胡經濟關係結構研究》，上海古籍出版社，2005 年，第 50 頁。

沿線十分活躍，促進了漢朝的擴張。如漢政府將邊境地區兼併到郡縣制下的過程中，商人的活動無疑起到鋪路作用。在擴張西南地區時，也是如此。當然，進行邊境貿易的還有駐防軍隊，他們發展了「軍市」。邊境士兵起到了積極作用。

在整體觀察後，余英時又考察了與匈奴的貿易行為。匈奴經濟匱乏的現實使得他們對貿易有濃厚的興趣。邊境貿易使得中國與匈奴的關係穩固。即使戰後，民間貿易繼續進行。余英時解釋說，對於匈奴是急需物資，而對於漢朝，則是認為可以消耗匈奴部分精力，也滿足了他們的貪欲。對於邊境的其他胡人貿易，如羌人、烏桓和鮮卑與漢也有經濟往來。其中鮮卑的貿易興趣最大。漢武帝開通西南道之，西南夷與中國的經濟關係就通過四川商人建立起來了。尤其在與印第、大夏等國貿易中，西南夷的作用是很重要的。〔註 18〕另外一種貿易形式始終存在，即走私貿易。因材料關係，余英時大體勾勒了當時的繁榮狀況。

隨著漢帝國向西部的擴張，它與許多「西方國家」之間建立起經濟關係。這裏的「西方國家」，在余英時看來，不僅包括西域各國，還包括印度、安息和羅馬等國。這裏有所不同的是，西域各國貿易是在貢納體系下，而其他西方國家則是非通貢貿易。漢帝國對匈奴政策的改變，使得西域各國被納入體系。當然，這個貢納體系也處於微妙的平衡中。就經濟意義上，西域各國大多喜歡加入貢納體系，畢竟可以得到豐厚的禮物，與漢進行貿易等。就一些小國臣服漢朝，至少在經濟上與匈奴相比剝削最少。當然，作為貢納成員，除了常規進貢，還有一些義務。「為中國士兵和使者提供食物和其他供給，以及貢獻肥沃的土地用於屯田。〔註 19〕就漢政府而言，維持這些需要大量財政，主要是政治考慮而非經濟考慮。而對於貢納體系之外的印度、安息和羅馬，與漢帝國的貿易情況，余英時則主要依據考古和現代學者的研究進行了描

〔註 18〕比如對於琥珀的傳入，余英時認為有可能最初是從緬甸北部輸入雲南，然後從那裏散佈到中國其他地區。當然，在本書其他地方，他也討論了漢代琥珀由海路傳入的可能性，並指出這二者不是相互排斥的。但霍巍認為，目前的考古發現來看，能夠確認屬於「血珀」的標本僅見於晉寧石寨山，若由緬甸進口的，應當屬於極少數，主要應該是海路。（霍巍：《戰國秦漢時期西南地區的對外文化交流》，巴蜀書社，2007 年，第 93～94 頁。）不過他們之間的區別並不妨礙余英時整體的論證。

〔註 19〕余英時著，鄔文玲等《漢代貿易與擴張——漢胡經濟關係結構研究》（1967）上海古籍出版社 2005 年，第 122 頁。

述。當然主要是絲綢貿易。而人們常提到的鐵器和鑄鐵技術，余英時則傾向是由中亞人爲中介帶去的。〔註20〕

漢代的海上貿易，余英時在對《漢書》的一段文字借助已有研究進行解讀後指出：「在基督紀元之前很早的時期，中國不僅已經和東南亞人建立了貿易關係，而且通過海路和印度人也建立了貿易關係。」〔註21〕他進一步解讀說，一是從海上貿易被黃門掌管看，似乎皇帝對海上貿易很感興趣。二則還有一條海上絲綢之路存在到了東漢，海上貿易以日南和交趾爲紐帶取得了更多發展。漢帝國對越南的擴張無疑從貿易開始的，東部的朝鮮也進入貢納體系，與日本各部族的貿易聯繫逐漸建立。

余英時在對胡漢經濟關係的基本結構解釋後，最後從歷史角度對貢納體系內的政治和經濟利益及其貿易和擴張的歷史後果：漢化、胡化和商業化進行了分析。從政治角度看，僅僅把貢納體系解釋爲規範漢胡經濟關係的機制是不夠的。余英時認爲，「貢納體系不僅僅在對外關係領域起作用，它是整個漢帝國體系中一個重要方面。」〔註22〕也就是，從基本理念和模式看，帝國內部也是如此。他指出：「貢納體系的最終目的，是想通過建立一種持久的使國家和人民之間能夠始終保持正常關係的帝國秩序，以實現政治穩定。」〔註23〕

從經濟利益層面，余英時分爲國家和個人層面分析的。就國家而言，對國家是一種財政負擔。當然，余英時解釋說，如果通過戰爭征服似乎開支更

〔註20〕 除了余英時列舉了諾顏烏拉、阿爾泰山地區、錫伯、巴澤雷克、塔拉思以及米努辛斯克等地墓葬中出土的中國漆器、絲綢和銅鏡、五銖錢等的發現，霍巍還補充阿富汗貝格拉姆遺址出土的漢代漆奩、漆盤和漆耳杯 R. Ghirshman, Begram, Rechenches Archaeologiques et Historiques, le Caire Imprimerie de linstitut Francais DArchaeologie Orientale, 1946.）。阿富汗的西伯爾罕地區「黃金之丘」M2、M3、M6 出土的漢代銅鏡（Sarianidi.V.I, The reassure of Golden Hill, American Journal of Archaeology, April, 1980;Victor Sariadini, the Grolden Hoard of Bactria, from the Tillya —— Tepe Excavations in Northern Afghanistan, P~203, Harry N.Abrams, Inc., Publishers, New York, 1985.）。（霍巍：《戰國秦漢時期西南地區的對外文化交流》，巴蜀書社，2007 年，第 271 頁。）

〔註21〕 余英時著，鄔文玲等譯：《漢代貿易與擴張——漢胡經濟關係結構研究》，上海古籍出版社，2005 年，第 144 頁。

〔註22〕 余英時著，鄔文玲等譯：《漢代貿易與擴張——漢胡經濟關係結構研究》，上海古籍出版社，2005 年，第 156 頁。

〔註23〕 余英時著，鄔文玲等譯：《漢代貿易與擴張——漢胡經濟關係結構研究》，上海古籍出版社，2005 年，第 156 頁。

大。再者，對於個人層面，顯然帶來了好處。對於皇帝，滿足了奢侈品和榮譽心的需求。在上層社會官員和貴族也是如此。這些大多是與遠方胡族交往獲得的。就民間而言，若與鄰近的胡族，則主要是日用品基礎上進行的。

漢代貿易與擴張的重要歷史後果就是民族間的漢化、胡化和商業化。余英時採用了倒敘法，對於中國後來歷史上的胡人問題進行分析，並與羅馬帝國的某些政策相比較指出其相似性。然後回到中國「漢化」和「胡化」問題。就胡人的中國化，他以外部胡人西域、匈奴為例進行了說明。而內部胡人，中國化程度較高，是同化而非模仿。當然，交流總是雙向的，在外國商品引入，外國商人越來越多的來到中國影響下，中國人胡化也是存在的。從歷史發展眼光看，東漢比西漢更為胡化。余英時從皇帝、貴族，士人階層的日常生活及上下層都接受的宗教方面進行論證。余英時觀察到，伴隨著胡化的加深，漢末的中國上層還出現了商業化特點。東漢則更為繁榮。他以胡化的靈帝的生活進行了解釋。

第三節　清代思想轉型

余英時在《論戴震與章學誠》中對宋、明理學一變而為清代經典考證的問提出了新解釋。〔註 24〕余英時認為：「宋明理學和清代考證學同在儒學的整體傳統之內是沒有人可以否認的。既然如此，這一轉變必然另有內在的因素。」

余英時不但分析了戴震和章學誠兩人的思想交涉，以及他們和乾、嘉考證學風之間的一般關係，但同時也藉此展示出儒學傳統在清代的新動向。

余英時對章、戴的初次會晤進行了歷史和心理的分析。〔註 25〕其中最為主要的是考察戴震對章學誠思想的影響。其次，借助於章學誠，解釋了戴震的思想狀態。余英時根據章學誠的《答邵二雲書》在歷史方面進行考證分析。

〔註 24〕此書主要寫於 1974 年夏天和 1975 年春季，分析此書還應注意當時美國中國學的發展和當時的中國社會。

〔註 25〕汪榮祖對其歷史方法和心理分析加以讚賞。「余氏擅歷史方法，疏通曲折，說明儒學由尊德性折入道問學之發展，極其所至而後已。余氏復擅心理方法、澄心凝慮，思接古人，敘論章於戴思想挑戰之反應，黜考證、重義理，辛有章氏史學之成立。舉凡章之六經皆史說，朱陸異同論，皆與戴有淵源，其中探心理之隱情，悄焉動容，為前人所未發。」（汪榮祖：《學林漫步》，江蘇教育出版社，2005 年，第 92 頁。）

〔註 26〕余英時認爲兩人的談話內容中對章學誠影響最大的是義理而非考證。

戴震和章學誠在清代學術史的意義究竟是什麼地位？余英時從較爲宏觀的視角來梳理這個問題。他認爲清代考證學的淵源在晚明的程、朱和陸、王兩派的義理之爭，折入文獻考證，引發的全面整理儒家經典的運動。〔註 27〕其背後的動力是儒家智識主義。這樣，他就把理學轉向考證學的過程解釋成儒學內部「遵德性」折入「道問學」的歷程。正是在這個意義上，余英時才說：「東原對學問與知識的態度正是儒家智識主義發展到高峰時代的典型產品。」〔註 28〕章學誠又是如何應對這一「考證的挑戰」的呢？余英時分析了 1773 年章學誠和戴震的兩次談話。此時的章學誠開始以自己的歷史文獻整理和史學觀點來應對戴震了。在章學誠看來，經學和史學無高下之分，「史學」同樣可以見「道」。章學誠的這套文史理論也是在戴震「考證的挑戰」下促成的。《文史通義》開篇則說「古人未嘗離事而言理」，同樣反映出章學誠對智識主義的認可。也就是說，章學誠雖然反駁戴震的狹義考證觀點，但他們殊途同歸，畢竟都走上了儒家智識主義。

爲了進一步論證上述觀點，余英時對章學誠最爲著名的理論命題「六經皆史」說〔註 29〕和「朱、陸異同」論作了詳細的分析和闡釋。余英時認爲「六經皆史」的命題是章學誠對戴震「考證挑戰」的最具系統性的反應。〔註 30〕章學誠的成就，從消極方面，是應對戴震「考證挑戰」，而積極方面，則是突

〔註 26〕勞榦在《評余英時〈論戴震與章學誠〉》一文中認爲余英時根據章學誠的《答邵二雲書》這一段對章、戴關係透徹的分析，是很成功的用了柯靈烏的方法，可以作爲一個新史學方法的示範。（勞榦：《古代中國的歷史與文化》（上冊），中華書局，2006 年，第 268 頁。）

〔註 27〕余英時：《論戴震與章學誠——清代中期學術思想史研究》，三聯書店，2005 年，第 18 頁。

〔註 28〕余英時：《論戴震與章學誠——清代中期學術思想史研究》，三聯書店，2005 年，第 23 頁。

〔註 29〕汪榮祖在《章實齋六經皆史說再議》中對余英時的解釋頗有不同。他認爲余英時的評價過高，「實齋固然重視史學，但欲以史學取代經學，則是另一回事。如果尊重實齋的本意，他只不過是說，經原來就是史（不是兩樣東西），道已大備於周公，故孔子述而不作。這也就是說，孔子未嘗以自己的空言存其私說，所以六經也就不等於是道，而只是載道之器，也就是史。」也就是強調不能離器言道，這裏的道，仍指那不變的道體，也就是綱常名教。（汪榮祖：《汪榮祖人物書系——學人叢說》，中華書局，2008 年，第 25 頁。）

〔註 30〕余英時：《論戴震與章學誠——清代中期學術思想史研究》，三聯書店，2005 年，第 49 頁。

破了「經學即理學」。

　　余英時分析解釋章學誠的「朱、陸異同」論，一方面論證戴震對章學誠的影響程度和章學誠的自我認同，二是進一步梳理儒家的智識主義在陸、王傳統中如何表現的。章學誠關於「朱、陸異同」論最直接的有《朱、陸》和《浙東學術》兩篇。前者章學誠把戴震放入朱熹系統，〔註31〕而後者給自己在陸、王系統裏找到位置。兩篇文章時間相差二十多年，顯然是等到章學誠「一家之言」理論成熟後才有後者的，也可見戴震對於章學誠學術一生的影響。

　　在深入分析了章學誠的思想後，戴震又是如何面對清代考證風氣的呢？余英時引入柏林的「狐狸」和「刺蝟」一說。余英時認爲戴震身兼「狐狸」和「刺蝟」兩種工作。考證是「狐狸」的愛好，可戴震卻性情上認同於「刺蝟」。長期包圍在「狐狸」之中卻又是「群狐之首」的戴震不得不收斂「刺蝟」本性。也只有同爲「刺蝟」的章學誠才認清他的眞實想法。余英時通過這一分析來解釋了時人對戴震的矛盾認識。〔註32〕余英時指出，「乾隆時代有兩個戴東原：一是領導當時學風的考證家戴東原，另一個則是與當時學風相背的思想家戴東原。」〔註33〕當然，一個戴震的兩個面孔是有衝突的，不過總的

〔註31〕有學者認爲：余英時把朱陸之爭定性爲智識主義與反智識主義之爭，是把朱熹作爲了智識主義的代表。但朱熹對道問學的重視是否即爲智識主義，是很有問題。朱熹確實存在著知性主義的傾向，但是朱熹知性主義傾向產生的原因是其對德性之知與聞見之知的混同，也就是朱熹知性主義傾向的出現並非是自覺的，在一定意義上講，這種混同不僅不是重智，而恰恰是反智，問題就在於朱熹是把聞見之知看作了德性之知，這在一定程度上恰恰使聞見之知失去了獨立性價值，還不如張載區分德性之知與聞見之知更重視知識。（趙衛東：《分判與融通：當代新儒家德性與知識關係研究》，齊魯書社，2006 年，第 67 頁。）

〔註32〕汪暉不認同余英時這種解釋。他認爲：「義理／考證的矛盾（？）能否說明戴震的思想特點及其與實齋的關係？在回答這一問題之前，我想指出一個基本事實：章學誠的看法很難在「義理之學」的範疇中說明。他的學術方法並不近於宋明理學，而是以承認經學的基本預設（如禮藏於器，治道合一，理禮合一）爲前提的。這才有了他在朱筠輩面前爲東原辯護的理由。」朱筠、錢大昕對東原的非議來自經學內部的一種緊張。因此，對於章學誠，戴震並沒有徹底回歸宋學，而是在經學的形式之中恢復儒學聞道的一貫宗旨，因此才有一辯的必要性。汪暉認爲：「若我們單以『刺蝟』指義理，以『狐狸』指考證不但失之於簡，而且也落入了嚴分漢宋（義理、考證）的形式主義。」（汪暉等主編：《學人》（第 15 輯），江蘇文藝出版社，2000 年，第 123～124 頁。）

〔註33〕余英時：《論戴震與章學誠——清代中期學術思想史研究》，三聯書店，2005

看，他更傾向於「義理」。

如何解釋戴震、章學誠思想爲何如此類似？余英時則從個人和思想史兩個方面，尤其是後者，在於他們「同具『刺蝟』的本性而生當『狐狸』得勢的時代。」〔註34〕當然，他們也不盡相同。章學誠是不肯妥協的，而戴震則妥協和衝突並存。這除了兩人性格不同外，主要是他們所處地位不同。〔註35〕章學誠最大的委屈在於學問爲獲承認，而戴震則處於考證領袖地位。儘管他們的觀點不爲一般考證家認可，「但他們的理論卻正是清代考證運動的產物。」〔註36〕清儒批判宋明義理使得人們看不出二者的思想關聯，只有通過戴震和章學誠的理論，這種隱晦關係才得以顯現。若說清初儒學處於「尊德性」過渡到「道問學」階段，而發展到戴震、章學誠則「道問學」的含義全部顯現。

在補論中，余英時主要對章學誠的「文史校讎」進行了解釋論證。他主要結合1985年《章學誠遺書》的資料，論證「文史校讎」是章學誠用於描述他自己的學術「門路」，用來與戴震的「經學訓詁」相抗衡的專門術語，不是以前認爲的泛指《文史通義》、《校讎通義》兩部著作，或是這兩部的簡稱。

外篇中，前幾篇主要從某個具體問題或人物入手，來輔證內篇的某些論點。如余英時在《戴震的〈經考〉與早期學術路向——兼論戴震與江永德關係》則進一步證明戴震早期對宋儒的推重。余英時通過對戴震和江永關係的考辯，論證出戴震前後思想的變化。《戴東原與伊藤仁齋》一文，余英時指出：「伊藤仁齋與戴東原在思想上的不謀而同，正可以從日本古學和清代儒學在歷史地位上具有共同性這一點上去求的解答。」〔註37〕目的是證明清代儒學由「尊德性」向「道問學」轉向的內在性。通過柯林伍德的思想來進一步認識章學誠的思想則體現在《章實齋與柯靈烏德歷史思想一文》。《從宋明儒學的發展論清代思想史——宋明儒學中智識主義的傳統》和《清代思想史的一

年，第 103 頁。

〔註34〕余英時：《論戴震與章學誠——清代中期學術思想史研究》，三聯書店，2005年，第 145 頁。

〔註35〕戴東原雖然學殖深厚，究竟基本上還是一個利祿中人。他希冀的「兩廉牲牢」也可以說是具有身世之感以後，一種心理上的發泄。（勞幹：《古代中國的歷史與文化》（上冊），中華書局，2006 年，第 269 頁。）

〔註36〕余英時：《論戴震與章學誠——清代中期學術思想史研究》，三聯書店，2005年，第 149 頁。

〔註37〕余英時：《論戴震與章學誠——清代中期學術思想史研究》，三聯書店，2005年，第 225 頁。

個新解釋》從宏觀上論證了從宋明儒學和清代思想史的關係。

第四節　宋代政治文化史

余英時此著作完成於 2002 年，主題是關於宋代文化史與政治史的綜合研究。〔註 38〕重心是以宋代新儒學爲中心的文化發展和以改革爲基本取向的政

〔註38〕筆者將這部「政治文化史」著作歸於新文化史。「新文化史」是對結構主義的反動。而余英時則側重是互動。「新文化史」不但關注下層日常生活史，也關注精英的政治文化史，而此書主題則爲後者。固然，「新文化史」是「語言學轉向」後的「符號學」。但關注文本和日常世界背後隱藏的政治文化，廣義上也是象徵主義的使用。在筆者看來，余英時恰恰開創了現代史學和新文化史結合的新方向。余英時在《自序二》表示了對後現代思潮的反應，也暗示他多少受到積極和消極的影響。金春峰在《内聖外王的一體兩面》文中說，此書「非循專業著作的路可以寫出。」這是一個跨學科的綜合研究。從歷史角度看，不僅僅是塡補專題的空白，還在於塡補整個宋代士大夫的政治文化的空白。（鄭培凱主編：《九州學林》（2004 冬季 2 卷 4 期總第 6 期），復旦大學出版社，2005 年，第 299 頁。）范仄談及余英時此書的目的是傳統文化與現代政治。「一層是現代政治作爲一種既定現實，傳統文化在這種政治現實中如何生存和發揚光大，並對這種政治現實產生屬於自己的作用；一層是現代政治作爲一種社會理想，傳統文化在現有條件下對實現這個政治理想能起多大和什麼的作用。」這無疑屬於「傳統」建構的意圖。（范仄：《儒學的命運：人能弘道，非道弘人──評余英時〈朱熹的歷史世界〉》，陳明，朱漢民主編：《原道》（第 12 輯），北京大學出版社，2005 年，第 277～278 頁。）天心著重談了余英時此書與儒學研究新範式的問題。一是如何把握儒學的知識形態這樣一個前提性的問題，即應該從政治批判和建設、文化認同、身心安頓這些文化功能入手。二是研究方法的問題。既然儒學不是一個純粹的知識系統，用余英時自己的話說，即使叫知識，也是屬於普特南說的所謂實踐性知識，它不僅是一種反映，也是一種表達和塑造。（天心：《〈朱熹的歷史世界〉隨評》，陳明，朱漢民主編：《原道》（第 12 輯），北京大學出版社，2005 年，第 277～278 頁。）在文化的「表達和塑造」方面也屬於新文化的範疇。葛兆光在《拆了門檻就無内外──讀余英時先生〈朱熹的歷史世界〉及其評論》在論述什麼是「遺失的環節」時，舉出古代中的政治史裏「皇帝」作用。應用余英時的說法，在過去的歷史研究中，本來處於政治中心的皇帝變得好像「一種配景存在於舞臺之上，做功與唱功都是無份的」。（葛兆光：《古代中國的歷史、思想與宗教》，北京師範大學出版社，2006.4.第 153 頁）事實上，「符號」在新文化史中是起到很大作用的。當然，余英時在此不僅僅強調「皇帝」的符號作用。王汎森說：「在那幾章中，作者顯然想實驗一種『新史學』，這種『新史學』有許多特色，此處只能介紹其中兩點：第一是以生活史的材料來析論政治。第二是運用心理史學來探索歷史。」「此書中展示出在當時士人内心中古今的文化層次及異常稠密的意義世界如何交織在一起。譬如，以經典

治動態。他將全書分為三個有機部分。緒說從政治文化角度，系統全面地檢討了道學（理學）的起源、形成、演變及性質。上篇分析了宋代政治文化的構造與形態。而下篇則解釋了朱熹時代的理學士大夫集團與權力世界的複雜關係。就三者關係而言，上編為朱熹的歷史世界提供背景，而下編則集中於朱熹歷史世界的核心區。緒說則是反思貫穿在士大夫中間的政治文化和理學的關係。

在緒說中，余英時先對「政治文化」進行界定。「大致指政治思維的方式和政治行動的風格。」〔註39〕此外即「兼指政治與文化兩個互相而又相關的活動領域」。〔註40〕因此，他進一步解釋說，政治史處理權力結構和實際運作。文化史涉及時代的種種觀念和理想，但應和實際生活相聯繫。基礎上述考慮，他所討論的兩個重點：一是士大夫和皇權、官僚系統之間的關係，二是宋代儒學復興及其演變。當然是兩者的結合，也就是儒家理想在政治領

注釋表達政見或 culture of allusion 之風在今天已經褪色，但在古代士人社群中卻極為平常，所以要瞭解他們深層的意義世界，必須與他們立於同一水平去作層層的還原。」（王汎森：《歷史方法與歷史想像：余英時的〈朱熹的歷史世界〉》，劉東主編：《中國學術》（總第十八輯），商務印書館，2005 年，第226 頁，第 230 頁）前者強調了「史無定法」，後者表達出如何新文化史中進行「深度描述」。筆者認為，余英時開拓的「新文化史」與西方後現代主義影響中的新文化史不盡相同。如劉述先觀察到的那樣：「有人把他的建構與傅柯（M·Foucault）相比，我覺得兩者之間只有少分相似。除了以權力結構為研究對象之外，並沒有很多共同的地方，氣味也不相投。」傅柯、尼采顛覆傳統價值，而余英時相信根據史料可以多少重構出歷史客觀的真相。他遵守傳統的規範，史家的詮釋不能超越史料文本所容許的限度以外。（劉述先：評余英時《朱熹的歷史世界——宋代士大夫政治文化的研究》，鄭培凱主編：《九州學林》（2003·冬季（一卷二期）），復旦大學出版社，2004，第 328 頁。）但也正如陳俊民所說，余英時此書是對後現代史學挑戰下的回應。（陳俊民：《三教融合與中西會通》，陝西師範大學出版社，2002 年，第 239 頁。）余英時認為文化史應注重建立觀念和社會之間的聯繫。這不同於「history of thought」，與「intellectual history」相似。包弼德批評余英時忽視了文學，沒有參與所謂的「語言學轉向」。（包弼德：《對余英時宋代道學研究方法的一點反思》，《世界哲學》，2000 年第 4 期。）在筆者看來，不如說余英時開拓了新文化史的另一境界。也正如田浩所說：「余先生在北美漢學界越來越佔據主導地位的以社會史方法研究宋代知識分子門徑之外，又另闢一條蹊徑。」（田浩：《評余英時的〈朱熹的歷史世界〉》，《世界哲學》，2004 年第 4 期。）

〔註39〕余英時：《朱熹的歷史世界——宋代士大夫政治文化的研究》，三聯書店，2004年，第 5 頁。

〔註40〕余英時：《朱熹的歷史世界——宋代士大夫政治文化的研究》，三聯書店，2004年，第 6 頁。

域中的積極和消極作用。〔註41〕

　　對於「道學」、「道統」與「政治文化」的研究。他反對現在哲學史的研究方式，即以歐洲哲學爲標準，將「道學」從儒學中抽離，再將「道體」從「道學」中抽離，如果我們承認「道學」是「內聖外王之學」，則其內涵顯然比「道體」更廣。〔註42〕余英時以《近思錄》爲例解釋了「道學」和「道體」的關係。又以《中庸章句序》辨析了「道學」和「道統」的區別。並分析了「道統」含義的流變過程。其中，尤其對朱熹將「道統」和「道學」兩個歷史階段的劃分，余英時解釋爲「道統」時代「最顯著的特徵爲內聖與外王合而爲一。」〔註43〕而孔子的「道學」時代則是二者分裂了。因此，朱熹的「道統」與後世不同。〔註44〕只是到了朱熹弟子黃幹才正式建立後世的「道統」

〔註41〕余英時用的是「政治史與文化史交互爲用」方法。李存山質疑了余英時對王夫之「陋宋」之説的疏釋。他認爲王夫之的《宋論》雖然是以政治史爲綱，但實亦採取了「政治史與文化史交互爲用」的方法，而且其中對宋代士大夫的「政治文化」多有批評，甚至可以説，王夫之的「陋宋」之説把「宋學」也包括在內。（李存山：《宋學與〈宋論〉——兼評余英時〈朱熹的歷史世界〉》，龐樸主編：《儒林》（第1集），山東大學出版社，2005年，第221頁。）

〔註42〕金春峰認爲余英時在此反對的是牟宗三的學説。（金春峰：《內聖外王的一體兩面》，鄭培凱主編：《九州學林》（2004冬季2卷4期總第6期），復旦大學出版社，2005年，第300頁。）牟宗三的「大敘述」是在當時時代情境和儒學面臨的挑戰提出來的，是時代的產物，爲儒學掙得地位。葛兆光認爲：「把思想抽象爲哲學，再把哲學變成懸浮在政治和生活之上的邏輯，這樣的做法我一直不贊成；而將思想放回歷史語境中，重新建立思想的背景，這樣的做法我始終很認同。」當然，他也承認：「確實，過去的哲學史或者理學史研究中，有一種發掘精神資源和思想傳統、爲當代重新樹立『統緒』的意圖。」（葛兆光：《拆了門檻就無內無外——讀余英時先生〈朱熹的歷史世界〉及其評論》，葛兆光著：《古代中國的歷史、思想與宗教》，北京師範大學出版社，2006年，第158頁。）對於「抽離」説，劉述先辯解説：「凡學問不可能不作某種程度的『抽象』（abstrac-don），沒有抽象就沒有學問。」當然，歷的抽象要對付的是文化與風格、形式的問題。（劉述先：《評余英時〈朱熹的歷史世界——宋代士大夫政治文化的研究〉》，鄭培凱主編：《九州學林》（2003·冬季（一卷二期），復旦大學出版社，2004年，第319頁。）

〔註43〕余英時：《朱熹的歷史世界——宋代士大夫政治文化的研究》，三聯書店，2004年，第15頁。

〔註44〕劉述先贊許到：「由英時兄的視域，可以讀出許多以前未曾受到足夠重視的涵義。以道統爲例，他細緻地分析出，在朱熹，『道統』與『道學』是兩個相關而不同的概念。」（劉述先：《評余英時〈朱熹的歷史世界——宋代士大夫政治文化的研究〉》，鄭培凱主編：《九州學林》（2003·冬季（一卷二期）），復旦大學出版社，2004年，第321頁。）

觀。那麼，朱熹爲什麼要劃分兩個階段呢？余英時從朱熹和陳亮的「王、霸」之辯入手，認爲朱熹的動機在於「約束君權」。〔註45〕這顯然是從政治角度入手的解釋。

不但「道統」，就是「道學」也是有深刻的政治含義的。余英時以《中庸序》、《答陳同甫》進行了分析。他認爲朱熹「道學」的目的是「用『道』來範圍『勢』。」〔註46〕這裏，以「道」批「勢」是消極作用，而朱熹和宋代理學家更多追求的是引「勢」入「道」。那麼，朱熹又是如何規範「道體」與其他二者的關係呢？首先宋代理學家認識的「道體」是一個永恆而普遍的精神實在。目的爲天地萬物提供秩序。「道統」是對「道體」的整理。而孔子的「道學」則繼「道統」而後起。而到了宋代，君主只有掌握了道學家重新解釋的「道體」，才能獲得「道」，也就是合法性。這就是理學家們所謂的「致君行道」。朱、陸對於「道體」的理解不同，但在「致君行道」上是殊途同歸。

上面關於「道體」、「道統」的信仰，余英時認爲，在宋代理學家那裏是眞實的預設。接著，他進一步解釋爲什麼理學家要相信「道統」的預設呢？在分析了陳榮捷的解釋後，他認爲這種哲學史的解釋對朱熹的「道統」很難完全成立。而對於朱熹及宋代理學家，目的是「一方面運用上古『道統』的示範作用以約束後世的『驕君』，另一方面則憑藉孔子以下『道學』的精神權威以提高士大夫的政治地位。」〔註47〕

余英時在分析了三個基本概念的複雜關係後，他則轉向道學與宋代士大夫的政治文化的內在考察。〔註48〕在余英時看來，道學作爲儒學的一部分，

〔註45〕余英時：《朱熹的歷史世界——宋代士大夫政治文化的研究》，三聯書店，2004年，第19頁。必須說明的事，余英時認爲宋代士人的君權觀並未激進到忽略了君主的樞紐地位，故始終未曾放棄「得君」是「行道」之前提的想法，但同時也想對君權有所約束，認爲「君」必需要得相治國，而君臣之間也逐漸發展出類似契約式的關係。（王汎森：《歷史方法與歷史想像：余英時的〈朱熹的歷史世界〉》，劉東主編：《中國學術》（總第十八輯），商務印書館，2005年，第220頁。）

〔註46〕余英時：《朱熹的歷史世界——宋代士大夫政治文化的研究》，三聯書店，2004年，第23頁。

〔註47〕余英時：《朱熹的歷史世界——宋代士大夫政治文化的研究》，三聯書店，2004年，第35頁。

〔註48〕中國古代哲學的特點都是回答時代面臨的大問題，其中核心問題就是政治，道學也不例外。因此，其動因也應該是政治因素。（金春峰：《內聖外王的一體兩面》，鄭培凱主編：《九州學林》（2004冬季2卷4期總第6期），復旦大學出版社，2005年，第309頁。）

是與時代一起變動的。他先以宋初古文運動中道統意識的重建和改革家王安石爲例說明了北宋時期的儒學整體動向的歷史背景。古文運動對於韓愈的道統多有傳播，但並未開拓「內聖」領域。王安石直接上承孟子，並形成「內聖」、「外王」互相支持的儒學系統，在「致君行道」的機會下，成爲政治實踐。並解說了王安石與二程道學的關係。而王安石與程顥的爭辯預示著後來「新學」與「道學」在政治文化領域爭奪霸權的開始。

在余英時這裏，古文運動、改革運動和道學之所以能相互關聯，他們的共同目標就是「儒家要求重建一個合理的人間秩序。」〔註49〕他進一步解釋說，若從儒學整體看，「新學」超越了古文運動，而道學也超越了「新學」。〔註50〕只有將道學作爲儒學整體的一部分，才能凸顯其意義。余英時分析了「新學」與道學的關係。在重建秩序和行動取向這兩項上「新學」與道學是一致的，而在「內聖」、「外王」的關係上有分歧。尤其內聖之學，二者有著根本分歧。王安石的「新學」已經進入內聖並在「內聖」與「外王」之間建立起聯繫。對初期道學有重要影響。不能將王安石與道學家的關係理解爲純粹的政治性的。余英時論證了道學的發展是在與「新學」鬥爭中定型的。也就是儒學從「外王」轉入後期「外王」與「內聖」並重的階段，其中王安石是關鍵人物。無論二者如何對立，但都是在同一政治文化的框架之內的。

道學興起，一直以來都與「繼韓」、「闢佛」相聯繫。余英時卻將此放在北宋的歷史情形中作考察。在余英時看來，道學家們並沒有直接發現韓愈，換句話說，這個「韓愈」的形象已經被前人或同時代的人重構過了。就北宋「闢佛」，對象已不是直接的佛教，而是「士大夫中在家學禪者。」〔註51〕這是因爲，在北宋的政治中，僧徒與在位士大夫的關係密切。進一步說，「北宋佛教的儒學化，與僧徒的士大夫化互爲表裏。」〔註52〕在余英時看來，佛教大師在北宋是入世的，爲儒學的復興做出了貢獻。他進一步解釋說，「出世」、「入世」其實都是表面的爭論，關鍵在於誰的「道」是重建秩序的最後依據。

〔註49〕余英時：《朱熹的歷史世界——宋代士大夫政治文化的研究》，三聯書店，2004年，第45頁。

〔註50〕余英時：《朱熹的歷史世界——宋代士大夫政治文化的研究》，三聯書店，2004年，第46頁。

〔註51〕余英時：《朱熹的歷史世界——宋代士大夫政治文化的研究》，三聯書店，2004年，第67頁。

〔註52〕余英時：《朱熹的歷史世界——宋代士大夫政治文化的研究》，三聯書店，2004年，第75頁。

余英時以智圓、契嵩爲例論證了佛教的新動向：「重視世間法，關懷人間秩序的重建。」〔註53〕他們將《中庸》作爲溝通儒、釋的橋梁，也意味著《中庸》是從佛教裏面回流到儒家。余英時詳細論證了這個觀點，因爲這關係到他最基本的論點：道學的興起是當時儒、釋互動的結果。那些「返之六經而後得之」或「讀孟子而自得之」都是神話。〔註54〕他推出儒家研究《中庸》「內聖」涵義是受到智圓、契嵩影響的胡瑗。他還從語言結構上論述契嵩和朱熹對於「中」的理解的相似性。他在此只是要說明士大夫化的僧人開創的「談辯境域」（「discourse」）被儒家接受得以發展這一事實。

道學的起源，也受到佛教的影響。余英時舉出程頤早年參請靈源事。張載讀《中庸》沉浸在釋、老之間。其中禪學的「性命道德」對於儒家的「內聖」領域影響極大。因爲先人後己的眞菩薩行爲，征服了士大夫的重建人間秩序的內心渴望。但道學家「闢佛」則是要用儒家的「道德性命」來取代禪宗的「內聖」領域，他們所開闢的精神世界仍然是劃時代的。

爲了論述理學與政治文化的基本架構，余英時對六個相關的重點問題作了研究。一是古文運動影響下的道學與「治道」問題。余英時提出一個概念上的「哥白尼式的回轉」（「Copernican revolution」。〔註55〕不能僅僅將道學或理學理解爲「內聖」之學。余英時在此反對的是將「宋明理學」等同於哲學。因爲在他看來，宋代道學或理學的中心意義是「推明治道」。他將理學放到儒學的整體看，認爲「治道」是其起點，「內聖」的終極目的也是合理的人間秩序的重建，這顯然繼古文運動而興起。〔註56〕

〔註53〕余英時：《朱熹的歷史世界——宋代士大夫政治文化的研究》，三聯書店，2004年，第82頁。

〔註54〕劉述先不同意余英時的「神話」說。他認爲，學界早就注意到「宋儒之重視《中庸》，最早只能追溯到胡瑗。宋儒對孟子特別尊崇也並不限於道學家」。如周予同與其徒從早就有宋代「孟子升格」的說法，並指出王安石父子的提倡，曾經發生了重大的影響力。但劉述先強調說，二程的「天理」說與佛教是「因」和「緣」的關係。如果沒有二氏的刺激，是決不會有宋明理學的。也就是，閱讀古典反覆咀嚼最後終於得到自己中心的體證有異於二氏則不是神話。（劉述先：評余英時《朱熹的歷史世界——宋代士大夫政治文化的研究》，鄭培凱主編：《九州學林》（2003·冬季（一卷二期）），復旦大學出版社，2004年，第318頁。）

〔註55〕余英時《朱熹的歷史世界——宋代士大夫政治文化的研究》三聯書店，2004年，第117頁。

〔註56〕劉述先認爲余英時的議論與抽引的結論遠遠逾越了範圍。劉述先同意說「道

　　余英時關心的第二個問題是道學家在王安石失敗後，如何對秩序重建加以論證的。〔註57〕他們運用《孟子》一書提出了雙重論證。「第一是宇宙論、形而上學的論證，爲秩序重建奠定精神的基礎；第二是歷史的論證，要人相信合理的人間秩序確已出現過。」〔註58〕那麼，初期道學秩序重建的基本取向是什麼呢？余英時指出是「爲己而成物」。〔註59〕這是他論證的第三個問題。而理學家對人間秩序的構想則集中在《西銘》一文，余英時以「理一而分殊」對此進行了分析。他認爲「《西銘》是以父母子女──『家』──爲模型所推想出來的『人』與『天底萬物』的關係，包括『人』與其他人的關係。」〔註60〕但血緣家庭關係不能包括天下人與人的關係，「理一分殊」則合理的解決了這個難題。

　　余英時論證的第五個問題是程頤《易傳》中體現的士要求與君主「同治天下」的「承當」精神。「君臣同治」顯然是對傳統儒家的「君爲臣綱」的政治思想的重大修改。余英時甚至認爲，程頤所嚮往的是「虛君制」。〔註61〕並引陸九淵進一步說明。更有甚者，余英時解釋程頤的君主起源時，認爲接近

學是宋代儒學不可分割的一環，共同的一項中心關懷是重建秩序。」反對將其分爲「第一序」「第二序」的層次劃分。因爲這樣的解釋會遺漏內聖之學的根本目的在於一己的安身立命，無法把握「爲己之學」的精義。（劉述先：《評余英時〈朱熹的歷史世界──宋代士大夫政治文化的研究〉》，鄭培凱主編：《九州學林》（2003‧冬季（一卷二期）），復旦大學出版社，2004年，第325頁。）李澤厚贊同余英時的觀點：「最近余英時《朱熹的歷史世界》巨著也表明朱熹等所謂『哲學家』所眞正關切和論辯的，並不只是形上心性，而重在現實政治，仍是政治文化，這便頗有異於牟宗三等現代新儒家以純粹西方哲學模式描畫出來的宋明理學。」（李澤厚：《實用理性與樂感文化》，生活‧讀書‧新知三聯書店，2008年，第274頁。）

〔註57〕金春峰認爲：「終兩宋之世，無論政治、黨爭與思想、文化、學術，都逃脱不了王安石的餘波激蕩，暗潮起伏。」（金春峰：《內聖外王的一體兩面》，鄭培凱主編：《九州學林》（2004冬季2卷4期總第6期），復旦大學出版社，2005，第313頁。）

〔註58〕余英時：《朱熹的歷史世界──宋代士大夫政治文化的研究》，三聯書店，2004年，第121頁。

〔註59〕余英時：《朱熹的歷史世界──宋代士大夫政治文化的研究》，三聯書店，2004年，第129頁。

〔註60〕余英時：《朱熹的歷史世界──宋代士大夫政治文化的研究》，三聯書店，2004年，第150頁。

〔註61〕余英時：《朱熹的歷史世界──宋代士大夫政治文化的研究》，三聯書店，2004年，第163頁。

西方契約論。〔註62〕最後一個問題，是關於朱熹的「君道」及其理學結構。他先引了朱熹《記林黃中辨易、西銘》最後一段話，他認爲朱熹在對林栗的絕對君主觀，莊子的君臣平等觀進行評價後，他認同張載的「宗子」說。這是介於中間的看法。接著，余英時將朱熹論「皇極」解釋爲他心目中的人主也是無爲而治的虛君。〔註63〕

余英時首先以「後三代」爲切入點說明了宋代政治文化的開端。〔註64〕元代儒者把「漢、唐、宋」稱爲「後三代」究竟指的什麼？余英時認爲「後三代」關鍵在「宋」不在「漢唐」。「聲明文物之治，道德仁義之風」是其基本的依據。尤其在「德君行道」方面宋的地位顯然高於漢、唐。那些僅僅採用文化史而非政治史角度無論是「贊宋」還是「陋宋」都不全是宋人「迴向三代」的本意。對於宋人，「迴向三代」是文化、政治和社會進行革新的號召。

至於宋代「士」的政治地位較高的原因，余英時認爲僅歸於宋太祖個人的愛好，是片面的。因爲「宋代皇帝重振進士貢試和優容士大夫，正是因爲他們迫切需要士階層的支持。」〔註65〕因爲科舉制度在唐末、五代被破壞，尤其是五代科舉的「武人化」。因此，要重新獲得士階層的合作就必須先提高他們的地位。這既能說明「焚香禮進士」的歷史意義，也能回答爲什麼宋代進士出身的士人對國家更爲認同。

宋代士大夫政治主體意識的顯現則體現在「同治天下」這一意識的出現。〔註66〕在余英時看來，從「士」的發展史角度，宋代「士」以「天下爲己任」

〔註62〕余英時：《朱熹的歷史世界——宋代士大夫政治文化的研究》，三聯書店，2004年，第167頁。

〔註63〕余英時：《朱熹的歷史世界——宋代士大夫政治文化的研究》，三聯書店，2004年，第178頁。

〔註64〕葦詰對「後三代」的解釋與余英時並不盡相同。他認爲余英時並沒有從流變角度明確的論證出「後三代」的觀念流行於南宋末年的北方儒者中，代表了宋人文化重於政治的「三代」觀。葦詰認爲此說可能與正統論存在較大的關係，早在南宋滅亡以前北方士人中就已有「後三代」之觀念。但當時「後三代」之說只是將漢、唐、宋三者的地位拉平而已，他同意余英時論證的都經解釋，使得宋朝的特殊地位浮現出來的觀點。（葦詰：《〈朱熹的歷史世界〉讀書札記二則》，朱剛、劉寧主編：《思想史研究》（第四輯），《歐陽修與宋代士大夫》，世界出版集團，2007年，第382～383頁。）

〔註65〕余英時：《朱熹的歷史世界——宋代士大夫政治文化的研究》，三聯書店，2004年，第206頁。

〔註66〕金春峰認爲王安石變法集中體現了士階層政治意識的自覺。（金春峰：《内聖

在宋之前雖然存在但不夠明確。並以「理想型」手法對比了唐、宋進士的價值取向的差異。在宋代，「承當天下事」佔據了主導地位。〔註67〕

　　當「同治天下」的理念落在現實政治上，則難免引起君權與相權的微妙變化。余英時指出：在沒有脫離「君尊臣卑」總原則的前提下，熙寧時期還是很有特點的。當宋神宗與王安石因共同理想結合時，「君權與相權也暫時合而爲一了。」〔註68〕但眞的進入權力世界後，則緊張關係不可避免。必須說明的，在余英時的視界裏，這不僅僅代表他們個人，如他認爲宋神宗將君權納入相權，不僅是對王安石的信任，「同時也是對士大夫集體的一種尊重」。〔註69〕而王安石的非常相權確實是把雙刃劍，正面意義是士大夫治天下的權力得到皇權的認可，負面意義在於儘管王安石不是權相，卻爲「權相」的出現開啓方便之門。這也就可以解釋爲什麼宋代政治權相最爲突出。〔註70〕

　　法度化的「國是」成爲宋代政治史上一個新因素，對朝政的推移和士大夫世界的變更都有決定性作用。「國是」起源甚早，並一直流傳至今。但作爲法度化的觀念，尤其作爲權力結構的一個組成部分，是宋代獨特的現象。余英時對「國是」在北宋、南宋的流變及作用作了詳細的考證。它是士大夫要求與皇帝同治天下的動力下出現的。最早出現與司馬光與宋神宗的辯論之中。宋神宗引用孫叔敖的故事，意在說明皇帝才是變法的政治原動力。而士大夫只是思想原動力，但此時士大夫革新與守舊激烈辯爭。只有先「定國是」，才能平息士大夫的爭論。但同時，也反應出宋神宗接受了「與士大夫共定國是」的基本原則。而司馬光也是建立在「共定國是」的基礎上與宋神宗激烈辯論的。

　　余英時以蔡確的「國是方定」阻止神宗啓用司馬光爲例，說明了「國是」

外王的一體兩面》，鄭培凱主編：《九州學林》（2004冬季2卷4期總第6期），復旦大學出版社，2005年，第311頁。）

〔註67〕包弼德分析了唐宋士人的價值觀基礎從文化向倫理的轉變軌迹。（（美）包弼德著、劉寧譯：《斯文：唐宋思想的轉型》，江蘇人民出版社，2001年。）

〔註68〕余英時：《朱熹的歷史世界——宋代士大夫政治文化的研究》，三聯書店，2004年，第239頁。

〔註69〕余英時：《朱熹的歷史世界——宋代士大夫政治文化的研究》，三聯書店，2004年，第241頁。

〔註70〕劉述先指出：「南宋權相正是從安石的非常相權中移步換影而來的。這是研究宋代政治史的人所一向忽略的。」（劉述先：《評余英時〈朱熹的歷史世界——宋代士大夫政治文化的研究〉》，鄭培凱主編：《九州學林》（2003·冬季（一卷二期）），復旦大學出版社，2004年，第329頁）

的制度化及其政治功能。當然，他們的激烈反對，也是怕「國是」改變，也會導致他們相位不保。也就是，「國是」對君主和士大夫都有約束力。此後，元祐的「國是」也是宣仁皇后與士大夫共定的。後來的宋哲宗和宰相也費力製造出「紹述」國是來反擊的。這都證明「國是」作為皇帝和士大夫訂立的「契約」，為君權和相權提供合法性，皇帝無法單方面毀約了。

余英時進一步觀察了南宋「國是」的演變。首先是金人的入侵導致「紹述」解體，宋高宗為了政權的合法性，推重宣仁和元祐政治，形成兩派之爭。但此時的「國是」與北宋不同，成為普遍意義，如李綱在北宋是反「紹述」的，而到了南宋，首提「國是」的也是他。接著余英時又分析了宋高宗和秦檜為把「和議」提升為「國是」的做法，進一步論證了「國是」合法性的來源還是士大夫和皇帝，儘管此時的「國是」目的指向了權力和職位。最後，余英時對朱熹與「國是」的關係進行了考證。由於宋孝宗一方面要「銳意恢復」，一面有太上皇和士大夫要求的「和議」，因此舉棋不定。也引發了士大夫們「早定國是」的呼籲。余英時分析了朱熹的《與陳侍郎（俊卿）書》中集中討論「國是」的部分。朱熹之所以嚴厲批評國是，在於「朱熹已看透了『國是』的理想落在權力世界的必然結局。」朱熹父子也是因「國是」問題受到牽連。因此，余英時認為「在朱熹的歷史世界中，『國是』佔據了一個樞紐的地位。」〔註71〕

余英時意識到，當理想落入現實，則似乎過於嚴酷。歷史世界的組成是理想和現實的交織。更何況，朱熹還是一個理想主義者。為此，他詳細說明了宋代儒家理想也的確推動了歷史的進程。也就是他通過對宋初儒學的特徵及其傳衍來證明在秩序重建中的作用。首先，對於宋初儒者，多數深信六經中的「道」可以使得社會秩序的重建，朱熹本人也是這樣認定的。余英時深入考察了宋初儒學的起源，重點在於「推明治道」。這些理想成為王安石和宋神宗變法的推動力。胡瑗的思想經李覯對王安石的思想和行動都產生重要影響。余英時並得出，朱熹時代是後王安石時代，即他們揚棄王安石的「新法」、「新學」，卻始終與王安石呼應，為重建秩序而努力。

宋代士大夫的政治功能得到最大的發揮，但還必須解釋為什麼黨爭和文字獄凸現的事實。余英時解釋說，這兩個現象與漢、唐、明、清針對宦官或

〔註71〕余英時：《朱熹的歷史世界——宋代士大夫政治文化的研究》，三聯書店，2004年，第289頁。

皇權不同，即「二者同源於士階層的內部的分化和衝突。」﹝註72﹞余英時首先以呂夷簡、范仲淹的黨爭來區別牛、李黨爭的不同，動力來源於內部。接著對「國是」法度化的黨爭新形態進行了分析。在宏觀分析從熙寧到紹興黨爭的基本形態後，開始重點解釋朱熹時代的黨爭。而這其中，朱熹和「道學」都是中心。在反「道學」背後隱藏著一場廣泛的「黨爭」。﹝註73﹞在余英時看來，反「道學」者基本是職業官僚型的士大夫。而朱熹及「道學」型士大夫則是北宋新儒學的繼承者。二者的區別在於職業官僚型士大夫看重自己的得失。而「道學」型則關心「治道」和理想秩序的重建。

在宏觀解說後，余英時以王淮之政進行了微觀分析，他主要目的在於回答為什麼黨爭激化發生在孝宗晚期。為此，余英時從宋孝宗心理變化和王淮個人特質兩個方面加以解釋。宋孝宗晚年由立志「恢復」變成無為而治，這一轉使得職業官僚士大夫獲得發展。而王淮則以宋孝宗心理為根據，顯示出超越黨見的氣度。但王淮之政確是南宋黨爭史的新階段，「道學」變成「朋黨」。﹝註74﹞余英時從王淮和朱熹的關係入手進行了詳細論述。在此，他不贊同僅僅從個人恩怨來解釋。更注重宏觀背景中得出結論。王淮入相奉行的「國是」是宋高宗修正後的「和議」。他推薦朱熹，余英時解釋為一是兌現自己不存黨見的綱領，二是將朱熹擋在權力之外。而朱熹到任後也倍受牽制。但余英時將這些矛盾更多歸結為理學型士大夫和官僚型士大夫的不同所致，並非僅僅個人恩怨。

最後，余英時以朱熹時代為重點分析了兩宋黨爭的特色。他認為朱熹的《與留丞相（正）書》是在歐陽修《朋黨論》後最有突破的文字。朱熹充分肯定了「黨」的政治功能的積極作用。因為「他已看出『黨』是士大夫內部分化的必然歸趨」。﹝註75﹞至於士大夫遭受政治和思想的迫害，則基本上士大夫的「自相傾軋」，也就是迫害失敗士大夫的是宰相而不是皇帝，而儒家文化浸潤下的皇帝往往成為緩和甚至保護作用，這也就可以解釋為什麼宋代儘管

﹝註72﹞余英時：《朱熹的歷史世界——宋代士大夫政治文化的研究》，三聯書店，2004年，第317頁。

﹝註73﹞余英時：《朱熹的歷史世界——宋代士大夫政治文化的研究》，三聯書店，2004年，第336頁。

﹝註74﹞余英時：《朱熹的歷史世界——宋代士大夫政治文化的研究》，三聯書店，2004年，第373頁。

﹝註75﹞余英時：《朱熹的歷史世界——宋代士大夫政治文化的研究》，三聯書店，2004年，第377頁。

黨爭不斷，而失敗士大夫仍有相對自由。

下編則集中研究朱熹時代士大夫的政治文化。前兩章討論了理學、理學家與南宋政治文化的一般關係。後三章則集中研究了孝宗朝的未能實現的政治革新運動，余英時稱為「遺失的環節。」〔註76〕在這個過程中，余英時集中探究了宋孝宗、宋光宗的皇權分裂導致外廷理學集團和官僚集團的論爭。此時的孝、光兩帝不再是舞臺的「配景」，而成為主角。為了深入瞭解孝、光父子的心理衝突，余英時引入心理分析來說明問題。〔註77〕

一般現代史學家認為，南宋理學轉向了「內聖」，可卻無法解釋為什麼他們在孝、光、寧三朝權力世界的異常活躍的事實，但他們所關心的不是權力和名位。余英時先以朱熹和韓元吉來往書信為依據，分析了理學家內部政治取向的不同，原因來自於「內聖」與「外王」之間的緊張對他們造成了心理壓力，但反應不同。朱熹堅持的是如何使「內聖」之對政治、社會發生作用，而韓元吉則希望在職務工作的繁忙生活中能得到精神資源，即進修「內聖」之學。這種緊張何以在南宋彰顯？在余英時看來，此時理學家並沒有脫離儒家政治文化的主流，他們面對的如何從「內聖」轉回「外王」的新課題。〔註78〕如果他們的政治取向已經明確，則只有獲得「權力」才能實現「外王」，而對於他們獲得權力的途徑就是「得君行道」。余英時以朱熹和陸九淵為例探討了南宋理學家「得君行道」的一般形態。接著又以張栻、呂祖謙為例推論「得君行道」與理學家群體的關係。

對於理學家在權力世界的活動，余英時則採取了「由局部逐漸上升到整體的取徑」。〔註79〕余英時集中於宋孝宗、光宗合寧宗三朝共十四五年的歷史。這一時期理學家突然以推動「更改」為目的活躍於政壇，不是政治、社

〔註76〕余英時：《朱熹的歷史世界——宋代士大夫政治文化的研究》，三聯書店，2004年，第 394 頁。

〔註77〕葛兆光認為余英時用了他自己討論過的科林伍德的想法。他認為這裏的分析充分表現了余英時對於歷史文獻的梳理能力，這對於描述孝宗與光宗、官僚集團和理學集團以及皇權三者的互動關係有著重要的意義。（葛兆光：《拆了門檻就無內無外——讀余英時先生〈朱熹的歷史世界〉及其評論》，葛兆光：《古代中國的歷史、思想與宗教》，北京師範大學出版社，2006 年，第 155頁。）

〔註78〕余英時：《朱熹的歷史世界——宋代士大夫政治文化的研究》，三聯書店，2004年，第 423 頁。

〔註79〕余英時：《朱熹的歷史世界——宋代士大夫政治文化的研究》，三聯書店，2004年，第 459 頁。

會、經濟的危機所致，因爲宋孝宗晚期無內外的危機。也就是推動力只能是內部。而他們遭到職業官僚的激烈反對，也只能爲社會的相對穩定，使得維持現狀比改革更有勢力。

余英時考證了陸九淵被放逐的背後動因，這是官僚集團打擊「道學」派士大夫的一個環節。〔註80〕這種官僚群與「道學」群的衝突，不僅在中央，也體現在地方的行政系統。余英時又以劉清之「以道學自負案」加以論證。

在探究了理學家在王淮執政的境遇後，那麼，王淮罷政，周必大當政，理學家與權力世界的關係又如何呢？周必大與當時理學家領袖朱、張、呂、陸四人都有很深的交情。余英時就周與朱、張、呂來往書信加以考察論證了上述觀點。陸九淵出道較晚，但也有旁證與周有關係。余英時指出「道學」進入權力世界，儘管爲「治道」，但他們往往過於盛氣，製造了大批思想敵人，又使得不少思想敵人轉變成政治敵人。這是他們爲道學遭遇坎坷應負的責任。但王淮的官僚集團仍有較大勢力，林栗案則體現出了官僚集團合謀阻止了朱熹進入權力中心的可能。也造成了朱熹及門人與周必大的某種緊張關係。光宗即位，王系官僚集團開始捲土重來，也導致了與理學集團之間權力衝突的最終激化。

參與這些權力世界的政治主體並非僅僅是理學家，還有更爲重要的背後動力，即宋孝宗。余英時轉換視角，以宋孝宗爲主體，考察了他與理學家的關係。宋孝宗在退位前的政治部署，仍以「恢復」爲目標，但有一個規模頗大的規劃。爲了實現目標，在他退位前，大批理學家進入權力中樞就是證明。至於二者的關係，余英時認爲儘管宋孝宗「靜極思動」是自發的，但也受到理學家的影響。但二者的結合僅僅是「外王」領域。後來的「周黨」、「王黨」之爭、「慶元黨禁」均與宋孝宗這一轉向有關。

在具體論證上，余英時先考察了宋孝宗對周必大、留正、趙汝愚三相的任用部署，並指出了他們與理學家之間的關係，他們與理學家集團合作融洽，並盡力執行孝宗的革新計劃。其次，余英時則是對宋孝宗擢用理學型士大夫進行了闡釋。他對尤袤、薛叔似、詹體仁、劉光祖、黃裳和羅點這六位宋孝宗欽點的理學士大夫的背景進行考察後，指出他們代表了儒學在南宋的新發展，他們都致力於「致君澤民」。他們在權力世界的活動主要在推薦士

〔註80〕余英時：《朱熹的歷史世界──宋代士大夫政治文化的研究》，三聯書店，2004年，第463頁。

人和重整臺諫上。

反過來看，官僚集團作爲另外一支重要的政治力量，也是在「外王」領域與理學集團發生衝突的，而反「道學」則只是旗號。余英時接下來以官僚集團的起源及其傳承來解說了它與皇權、理學集團的互動關係。在三者之間，皇權是決定性的，而其他二者有一定的自主性。余英時將陳賈「禁僞學」作爲官僚集團的正式出現。兩個集團的分化由此開始。

就官僚集團的演變看，最初形成於王淮執政時期。陳賈是第一代官僚的代表，他在王淮時期登上政治舞臺，而他的外甥何澹則爲第二代，在周必大和留正時期開始嶄露頭角。接著，余英時通過對《與留丞相書》的考釋，說明官僚集團在光宗朝的延續性。至於官僚集團與理學集團的衝突，余英時以劉德秀的自敘爲切入點，分析了雙方相互的看法。最後，以姜特立爲線索，論證了官僚集團與皇權之間的關係。余英時認爲，光宗在孝宗和理學集團的壓力下，需要另外的臣僚系統執行自己的意志。只有將姜特立作爲光宗皇權的代表，才能理解他的活動。最後，對於慶元黨禁，余英時反對那種只歸於韓侂冑大權獨攬，是其唯一動力的看法。他解釋說，韓侂冑也只是皇權的代理人，並且他必須在取得士大夫的支持下，才能將皇權的運作納入國家的正常法度之內。韓侂冑和官僚集團結盟，儘管目的各異，但共同完成「慶元黨禁」。隨著朱熹的去世，理學集團消失，同時它的對立面官僚集團也不復存在。「宋代儒家的政治文化至此也耗盡了它的全部活力。」〔註81〕

在以上討論中，皇權始終是權力世界的一個決定性因素。余英時最後對南宋中期皇權的內部結構和動態作了細緻的分析。他首先考察了孝宗在高宗去世後的三部曲：「三年之喪」、「太子參決」、「內禪」。前兩個行爲均爲孝宗自主決定，後一個雖也在計劃之內，但迫於憲聖的壓力，其政治部署並未完成倉促退位。〔註82〕

余英時運用心理分析和史學分析解釋了這些行爲與政治上的關係。他解釋說「三年之喪」表面上是表達哀思，實際上是要「根本改變高宗所建立和

〔註81〕 余英時：《朱熹的歷史世界——宋代士大夫政治文化的研究》，三聯書店，2004年，第 685 頁。

〔註82〕 田浩認爲，余英時運用心理史學分析宋高宗、孝宗和光宗父子間的張力，並使之與最終引發針對道學的慶元黨禁聯繫在一起，論證細密深刻，具有開創性。（田浩：《評余英時的〈朱熹的歷史世界〉》，《世界哲學》2004 年第 4 期，第 104 頁。）

堅持的政治局面。」〔註 83〕對於這之間的關係，余英時認為宋孝宗對高宗有正面感情和負面感情，儘管負面感情本人也未必意識到。這是從現代心理分析的顯意識和潛意識來研究的。為了論證其潛意識，余英時對宋孝宗在喪禮執行上的極端表現來說明的。當然也借用了弗洛伊德的《哀死與憂鬱症》的觀點，生者對死者的「愛之深」「恨之切」衝突，但死者已不在，則生者的「意我」與死者合一，才表現極端的「自責」、「自毀」行為。〔註 84〕僅僅心理分析顯然不能成為確信的史學解釋。余英時則對宋孝宗的心路歷程作了一番考察。宋孝宗六歲被選入宮時，另一宗子伯浩踢貓而失去競爭力，對他是第一個刺激。他的命運決定於宋高宗，必須取悅於宋高宗。入禁宮中的二三十年，在與憲聖養子伯玖的長期競爭中，一直處於期待與挫折的雙重焦慮狀態。也養成他堅忍性格、強大意志和深沉精神。但即使登基後，他的「恢復」仍受阻於高宗。也就是，高宗讓出皇位，但沒有絕對的放棄皇權。自然，宋孝宗對於高宗形成了「愛恨交替」的複雜情感。而孝宗生長在儒家孝文化的浸潤中，如何才能完成「恢復」而不失去孝道，這樣「三部曲」就得到合理的解釋：「一方面掩護了他的大更改構想，另一方面卻又為他的政治部署卸脫了責任。」〔註 85〕孝宗的「恢復」認同與當時中國人的集體認同直接聯繫起來，才會引起理學家極大的反響。

但宋孝宗的更改不能順利開展，最大的阻力來自光宗的皇權。余英時又考察了他們父子的心理衝突。宋光宗也經歷過類似於孝宗的心理危機階段，時間相對較短。但光宗取得儲位，在余英時看來「得力於他走高宗與憲聖的內線」。〔註86〕宋光宗的「意我」被孝宗的「理想型自我」所阻礙，當心理防禦機能基本失靈后，這是導致了他精神失常的根本原因。這樣，「一月四朝」的定制無法實行。孝宗也就不能如高宗一樣，控制皇權了。皇權的公開分裂使得光宗不得不依靠外廷官僚集團「把定」權力，也導致了最後孝宗「更改」構想無法實現。

〔註83〕余英時：《朱熹的歷史世界——宋代士大夫政治文化的研究》，三聯書店，2004年，第 699 頁。

〔註84〕余英時：《朱熹的歷史世界——宋代士大夫政治文化的研究》，三聯書店，2004年，第 702 頁。

〔註85〕余英時：《朱熹的歷史世界——宋代士大夫政治文化的研究》，三聯書店，2004年，第 759 頁。

〔註86〕余英時：《朱熹的歷史世界——宋代士大夫政治文化的研究》，三聯書店，2004年，第 771 頁。

孝、光朝兩朝的「國是」是什麼呢？余英時認爲孝宗的大更改就是重定「國是」的一種努力，「皇極」則成爲這一時期的「國是」。余英時通過對理學家對「皇極」的爭論分析了上述論點。

余英時最後對「皇權」總結道，它處於整個政治權力結構的源頭，有內在軌迹。皇權不僅僅是在位的皇帝個人，還包括其他皇室成員和與皇室有關的角色。〔註87〕南宋理學家並未放棄「得君行道」，朱熹通過門人和朋友在「外王」領域投注了大量心力。至於最後的幻滅，余英時指出「『行道』之君難得其人和皇權的內在限制同爲不可忽視的兩大因素。」〔註88〕

〔註87〕余英時：《朱熹的歷史世界——宋代士大夫政治文化的研究》，三聯書店，2004年，第 845 頁。

〔註88〕余英時：《朱熹的歷史世界——宋代士大夫政治文化的研究》，三聯書店，2004年，第 852 頁。

結　語

　　史學思想的發展變化離不開史家生活的歷史世界，即社會環境、學習和
人生經歷等，余英時當然也不例外。最後，筆者從史學與社會互動的角度，
對余英時史學思想的變化作一簡評。

　　童年「鄉居九年」是余英時史學思想的萌芽期。九年的鄉居生活，對他
的個人生命和學術生命產生了重要影響。如前文已經提到好多他對童年往事
的回憶。應該說，儒家文化不是一個形而上的理論，是知行合一的內在實踐。
對儒學等中國傳統文化的體認，也是在實踐中獲得的。所以他在《我所走過
的路》一文中懷著深情記述道：「1937 年 7 月 7 日，中日戰爭開始……這一年
的初冬，大概是 10 月左右。我回到了祖先居住的故鄉——安徽潛山縣的官莊
鄉。那時安慶和官莊之間沒有公路，步行要三天。官莊是在群山環抱之中，
既貧窮又閉塞，和外面的現代世界是完全隔絕的。官莊沒有任何現代的設
備……人民過的仍是原始的農村生活。」〔註1〕在此文中，余英時還回憶了自
己在故鄉社會教育：「……在鄉村中，人與人之間，家與家之間都是互相聯繫
的，地緣和血緣把一鄉之人都織成了一個大網，幾百年，甚至千年聚居在一
村的人群，如果不是同族，也都是親戚，這種關係超越了所謂階級的意識……
中國傳統社會大體上是靠儒家的規範維繫著的，道德的力量遠在法律之
上……我的八九年鄉居使我徹底地生活在中國傳統文化中，而由生活體驗中
得來的直覺瞭解對我以後研究中國歷史與思想有很大幫助。」〔註2〕

　　我們如何看待這一時期對余英時史學思想的積極性和局限性呢？就積極

〔註1〕余英時：《現代學人與學術》，廣西師範大學出版社，2006 年，第 469 頁。
〔註2〕余英時：《現代學人與學術》，廣西師範大學出版社，2006 年，第 470 頁。

性而言，余英時由於參與到了傳統的社會生活，又加上他後來遠離了文化母體，故能在中國古代史學研究中做到龔自珍在《尊史》篇提出的史家要「善入」和「善出」的要求。但同時，余英時以自身體驗來感受歷史文化傳統，有時也會「不識廬山眞面目，只緣身在此山中」。他似乎忘記了他一貫堅持的多元史觀，忘記了歷史的複雜多樣性。官莊能否代表中國傳統社會本來就是一個未定項，推一步講，即使是官莊能代表中國傳統社會，以余英時當時的年幼，又怎能眞正理解表象背後的社會深層問題呢？不幸的是，余英時生活在轉型時期又離開了大陸，他幾乎沒有機會再去體驗或間接感受傳統社會的冷暖。他對史學以及中國文化摯愛的情感，我們是同情的，但至多也只能是對中國歷史文化某一方面的認識，用以補充我們過去過於偏激的看法是有積極意義的，但不能代替我們對歷史認識的全部。

　　古都北平的短暫居住是余史學思想的重要驛站。北平對他個人思想的形成最重要，也受到「五四」的影響。他說：「1948 年在北平的一段思想經歷對我以後的學術發展有決定性的影響。我對西方文化和歷史發生了深刻的興趣。我覺得我必須更深入地瞭解西方文化和歷史，才能判斷馬克思主義的是非……」〔註3〕但他當時主要精力在補習英文、數、理等知識，也讀過一些梁啓超，胡適，魯迅等人的作品。在他看來，梁啓超給他的影響最深，胡適次之，魯迅幾乎沒有發生任何刺激。從梁啓超那裏他得到一種啓示：必須去眞正理解中國歷史，特別是學術思想史，這種理解和爲理解而從事的研究，必須是超越現實效用的。我們決不能爲了任何眼前的利害而曲解歷史。這一爲知識而知識的精神在胡適那裏得到進一步加強。胡適對西方文化的認識在梁啓超之上，余英時認爲：要眞正理解中國的傳統，必須同時要對西方傳統和現代世界有深入的體認。〔註4〕余英時的這種認識，始終貫穿於其史學著作之中，也是其史學思想的特色之一。對於北平，余英時有特殊的感情，1947～1948 年，他在北平居住時，常去琉璃廠、中央市場書店，一去待一天，是他最喜歡的事。余英時認爲，自己對歷史、思想之類的知識發生追求的興趣，大概也是 1947 至 1948 年。筆者在此指出這一時期對余氏的史學思想的重要性同時，也認爲，這一時期也是他「鄉居時代」的一種文化認同和延續。他對唯物史觀的態度也和這一時期的經歷有關。他說：「馬克思主義的批判精神

〔註3〕　余英時：《現代學人與學術》，廣西師範大學出版社，2006 年，第 472 頁。
〔註4〕　余英時：《現代危機與思想人物》，三聯書店，2005 年，第 72～73 頁。

是我能同情的，然而階級鬥爭和我早年在鄉村的生活經驗格格不入。我也承認社會經濟狀態和每一時代的思想是交互影響的，但是唯物史觀對我而言是過於武斷了。」〔註5〕

　　香港知遇錢穆是余英時史學思想的重要形成期。錢穆先生對余英時的影響爲學界所共知，前文也涉及較多，似乎不用筆者在此再費筆墨。就我的直觀而言，兩者相同與相異都是不能忽略的。相同的是對中國傳統文化的「溫情與敬意」。不同的是時代、個人的時空變化。在今後的余英時研究中，應該更多發掘這種繼承中的創新。

　　美國哈佛的深造是余英時史學思想的進一步發展期。1955 年的初到美國的余是哈佛——燕京學社的訪問學者，余英時的史學興趣仍偏向社會經濟史。〔註6〕。余英時後繼續跟楊聯陞攻讀博士學位，在美國，余英時正式學習的課程有：「羅馬史、西方古代與中古政治思想史、歷史哲學、文藝復興與宗教改革。」他之所以學習這些是因爲：「我並不妄想在西方學問方面取得高深的造詣，我的目的只是求取普通的常識，以爲研究中國思想史的參考資料。」〔註7〕

　　與錢穆先生相反，作爲余英時在美學習期間的業師楊聯陞，似乎讓人感覺對余英時影響並非很大。所以，筆者再次引用余先生自己的話：「我從來沒有見過適之先生，但是我在學術專業上受惠於蓮生師的則遠比他得之於適之先生的既深且多。」也再次提醒學人注意楊聯陞對余英時史學思想的影響也是不容忽視的。

　　兩年的香港任教是余英時史學思想的再次變化期。1973～1975 年余英時回港任新亞書院校長兼中文大學副校長，這一時期對他人生和學術也有很大的影響。何俊在《余英時英文論著漢譯集》序言中（上海古籍出版社）也指出：「余英時先生的英文論著在 70 年代有一個明顯變化……促成這個變化的契機大概是他 1973～1975 年在新亞書院及香港中文大學的任職，……雖然服務兩年後仍回哈佛任教本是事先的約定，且這兩年的服務也令他身心疲憊，但深藏於他心中的中國感情似乎更被觸動，更需要合理的安頓。」

　　多年旅居美國，是余英時史學思想成熟期。余英時 1966 年開始在哈佛任教十一年後，到 1977 年因張光直的原因去了耶魯。因爲張光直的推薦，1978

〔註5〕　余英時：《現代學人與學術》，廣西師範大學出版社，2006 年，第 472 頁。
〔註6〕　余英時：《現代危機與思想人物》，三聯書店，2005 年，第 519 頁。
〔註7〕　余英時：《現代學人與學術》，廣西師範大學出版社，2006 年，第 474 頁。

年，余英時作爲美國對華學術交流會「漢代研究代表團」團長率團訪問了中國，並於 1981 年發表了《十字路口的中國史學》，從此書內容可知，余英時更加關注現代史學。同時在這次訪問期間，余英時表現出了對理學的興趣，在與任繼愈交談時，他認爲：「理學的傳統在思考的範疇方面，而不是思考的內容上，其學術力量遠沒有喪失。」他希望中國學者能更嚴肅的對待理學，而不是僅僅在政治上指責它。〔註8〕田浩在後來認爲余在 80 年代以後才對理學朱熹發生了興趣，似乎余要比這更早一些就對理學產生了興趣，才有了後來的力作《朱熹的歷史世界》。

余英時自己認爲其專業是「19 世紀以前的中國史」，就已發表的論文看，大致上起春秋戰國，下迄清代中期；所涉及的方面也很廣，包括社會史，文化史，思想史，政治史，中外關係史（漢代）等。田浩指出余「最主要的研究領域是漢代，對明清之際思想史也很關注；80 年代以後關注宋史」。對於余英時還有許多涉及 19、20 世紀的文化與思想著作，他自己認爲「這仍然是關於中國傳統研究的一種延伸」。如果從歷史觀點看，余英時的早年史學興趣主要是社會經濟和中外交通史、思想史，且主要是漢代，如 1962 年的《東漢生死觀》，1967 年的《漢代貿易與擴張》；70 年代主要關注明清思想史，如《方以智晚節考》、《論戴震與章學城》、《歷史與思想》等；70 年代末尤其是 80 年代後更加關注中國現代史學，近現代思想史和儒學史的研究，如《十字路口的中國史學》《朱熹的歷史世界》等。

余英時的史學研究是從離開大陸後開始的。我們如何看待余英時史學的成就和影響呢？余英時生活在中西兩種文化之中，經歷了傳統社會向現代社會的轉型，感受到了二十世紀種種社會變遷。他從中西比較的視野來考察中國史學，在繼承中國傳統史學的基礎上不斷隨著社會和時代的變化而發展。對中國傳統史學而言，他的優勢在於：既能「入乎其內」，又能「出乎其外」。他堅持人文主義的史學觀，對我們史學界啓示較多。他反對西方中心論，試圖在西方思想的關照下，以中國文化和中國傳統史學爲基石，實現史學的現代轉向也不失爲一種可行的方法。他注重文化視角下研究史學，通過史學推動文化創新這一思路也是頗有啓發性的。

同時，我們也應該看到余英時史學思想的局限性。余英時在學術上是眞

〔註8〕 余英時著，何俊編、李彤譯：《十字路口的中國史學》，上海古籍出版社，2005年，第8～9頁。

誠的，也是有啓發的，但他遠離中國史學生長的母體——大陸社會和大陸史學界，對中國的現實難免有些隔膜，正所謂「畫圖臨出秦川景，親到長安有幾人？」這些使他的史學思想尤其是向現代轉型方面多少帶有「理想化」或一相情願的傾向。他的人文主義史學觀也多少帶有「唯人文主義的」的傾向，對儒家文化的偏愛使他的史學思想有文化本位主義的趨向，有時不能看到東西方文化的時代落差，也會就脫離中國的實際。

　　分析其局限性不能掩蓋其積極作用，余英時史學思想的獨特魅力在於多元性，豐富性，啓發性，對我們史學界將產生積極的影響。我們全面分析其史學思想也是為了更好的服務於我們今天史學的發展。

參考文獻

（一）論　著

1. 余英時，《文史傳統與文化重建》，〔M〕，北京：生活・讀書・新知三聯書店，2004。

2. 余英時，《現代危機與思想人物》，〔M〕，北京：生活・讀書・新知三聯書店，2005。

3. 余英時，《方以智晚節考》，〔M〕，北京：生活・讀書・新知三聯書店，2004。

4. 余英時，《朱熹的歷史世界》，〔M〕，北京：生活・讀書・新知三聯書店，2004。

5. 余英時，《論戴震與章學誠》，〔M〕，北京：生活・讀書・新知三聯書店，2005。

6. 余英時，《現代儒學的回顧與展望》，〔M〕，北京：生活・讀書・新知三聯書店，2004。

7. 余英時著，李彤譯，《十字路口的中國史學》，〔M〕，上海：上海古籍出版社，2004。

8. 余英時著，鄔文玲等譯，《漢代貿易與擴張》，〔M〕，上海：上海古籍出版社，2005。

9. 余英時著，侯旭東等譯，《東漢生死觀》，〔M〕，上海：上海古籍出版社，2005。

10. 余英時著，程嫩生，羅群譯，《人文與理性的中國》，〔M〕，上海：上海古籍出版社，2007。

11. 余英時文集第一卷，《史家史學與時代》，〔M〕，桂林：廣西師範大學出版社，2004。

12. 余英時文集第二卷，《中國思想傳統及其現代變遷》，〔M〕，桂林：廣西師

範大學出社，2004。

13. 余英時文集第三卷，《價值系統看中國文化的現代意義》，〔M〕，桂林：廣西師範大出版社，2004。

14. 余英時文集第四卷，《中國知識人之史的考察》，〔M〕，桂林：廣西師範大學出版社，2004。

15. 余英時文集第五卷，《現代學人與學術》，〔M〕，桂林：廣西師範大學出版社，2006。

16. 余英時文集第六卷，《民主制度與近代文明》，〔M〕，桂林：廣西師範大學出社，2006。

17. 余英時文集第七卷，《文化評論與中國情懷（上）》，〔M〕，桂林：廣西師範大學出版社，2006。

18. 余英時文集第八卷，《文化評論與中國情懷（下）》，〔M〕，桂林：廣西師範大學出版社，2006。

19. 余英時文集第九卷，《歷史人物考辨》，〔M〕，桂林：廣西師範大學出版社，2006。

20. 余英時文集第十卷，《宋明理學與政治文化》，〔M〕，廣西師範大學出版社，2006。

21. 張汝倫，《現代中國思想研究》，〔M〕，上海：上海人民出版社，2001。

22. 嚴耕望，《怎樣學歷史——嚴耕望的治史三書》，〔M〕，瀋陽：遼寧教育出版社，2006。

23. 杜維運，《史學方法論》，〔M〕，北京：北京大學出版社，2006年。

24. 汪榮祖，《史學九章》，〔M〕，北京：中華書局，2006。

25. 康樂、彭明輝主編，《史學方法與歷史解釋》，〔C〕，北京：中國大百科全書出版社，2005。

26. 朱學勤，《書齋裏的革命》，〔M〕，昆明：雲南人民出版社，2006。

（二）論　文

1. 黃克劍，〈價值取向與文化整體——讀余英時《從價值系統看中國文化的現代意義》〉〔J〕，《讀書》，1986（9）。

2. 許紀霖，〈關於知識分子的斷想——讀余英時《士與中國文化》〉〔J〕，《讀書》，1988（6）。

3. 錢婉約，〈思想史研究的理性分析——讀余英時《中國近代思想史上的胡適》〔J〕，《中國圖書評論》，1989（1）。

4. 應奇，〈尋求儒家知識論的源頭活水——余英時清代思想史新解釋平議〉〔J〕，《社會科學》，1994（2）。

5. 張鳳江,〈記儒學家余英時先〉〔J〕,《江淮文史》,1996（2）。

6. 趙立人,〈讀史必須辨偽——余英時《戊戌政變今讀》質疑〉〔J〕,《廣東社會科學》,1999（3）。

7. 林康,〈余英時先生其人其事〔J〕,《書屋》,1999（5）。

8. 盛邦和,余英時：一個「韋伯式的問題」〔J〕,《福建論壇》（人文社會科學版）,2001（2）。

9. 路新生,〈理解戴震（續）——錢穆余英時「戴震研究」辨正〉〔J〕,《華東師範大學學報》（哲學社會科學版）,2003（1）。

10. 路新生,〈理解戴震——錢穆余英時「戴震研究」辨正〉〔J〕,《華東師範大學學報》（哲學社會科學版）,2003（2）。

11. 陳來,〈從思想世界到歷史世界——讀余英時《朱熹的歷史世界》述評〉〔J〕,《二十一世紀》,2003（10）。

12. 陸玉芹,〈錢穆、余英時學術傳承管窺——以中西文化觀爲例〉〔J〕,《江西社會科學》,2004（1）。

13. 葛兆光,〈拆了門檻便無內外：政治、思想與社會史之間——讀余英時先生《朱熹的歷史世界》及相關評論〉〔J〕,《臺灣當代》,2004（2）。

14. 包弼德,〈對余英時宋代道學研究方法的一點反思〉〔J〕,《世界哲學》,2004（4）。

15. 劉述先,〈評余英時《朱熹的歷史世界——宋代士大夫政治文化的研究》〉〔J〕,《世界哲學》,〔J〕,2004（4）。

16. 田浩,〈評余英時的《朱熹的歷史世界》〉〔J〕,《世界哲學》,2004（4）。

17. 斯彥莉,〈進一步的「哥白尼回轉」——從余英時《朱熹的歷史世界》說起〉〔J〕,《東嶽論叢》,2004（4）。

18. 田浩,〈余英時：《朱熹的歷史世界》〉〔J〕,《湖南大學學報》（社會科學版）,2004（5）。

19. 劉墨,〈余英時及其清代學術史研究〔J〕,《中國圖書評論》,2004（11）。

20. 陸玉芹,〈薪火相傳　各領風騷——錢穆余英時中西文化觀比較〉〔J〕,《福建師範大學學報》（哲學社會科學版）,2004（6）。

22. 張國剛,〈道學起源的歷史視野——讀余英時英時《朱熹的歷史世界——宋代士大夫政治文化研究》〉〔J〕,《博覽群書》,2005（1）。

23. 孫勇才,〈余英時與中國現代學術典範之構建〔J〕,河北學刊,2005（2）。

24. 孫勇才,〈道不同不相爲謀——論余英時與現代新儒家〉〔J〕,《河南師範大學學報》（哲學社會科學版）,2005（2）。

25. 李存山,〈宋學與宋論——兼評讀余英時著《朱熹的歷史世界》〉〔J〕,《中國思想史研究通訊》第六輯,2005（6）。

26. 王守雪，〈儒學的自律演進與多向度發展——論徐復觀、余英時「漢學之爭」〉〔J〕，《人文雜誌》，2006（3）。

27. 何俊，〈推陳出新與守先待後——從朱熹研究論余英時的儒學觀〉〔J〕，《學術月刊》，2006（7）。

28. 劉蘇里，〈史華慈與余英時：人類良知〉〔J〕，《學習博覽》，2007（1）。

29. 吳錚強，〈在政治現實與儒學理想之間——也讀余英時《朱熹的歷史世界》〉〔J〕，《社會科學評論》，2007（3）。

附錄一：余英時的儒家人文主義歷史觀及其理論價值與困境

徐國利（安徽大學　歷史系）

路則權（孔子研究院）

提　要

　　余英時主張人文主義的歷史進化觀，反對歷史發展規律或歷史通則，但承認人類歷史發展的共通性或普遍性。強調歷史發展的連續性和關聯性，認為民族文化的價值傳統是很難變化的，反對將現代與傳統相對立，認為中國的現代化應當承繼儒家傳統來實現。主張歷史發展多元論，反對各種形式的歷史一元論和決定論；認為文化（思想）、政治、經濟是社會歷史的三大領域，分別具有相對的獨立性，在歷史發展中各自起著重要作用，其中，思想文化具有特別重要的地位和作用，認同中國儒家文化的現代價值。余英時的儒家人文主義歷史觀既有重要的學術價值，也存在其理論困境。

關鍵字：余英時　儒家人文主義　歷史觀　多元論

　　余英時（1930～）是當代著名的美籍華裔史學家，亦被視爲當代海外新儒家的代表人物之一，著述豐富。自上世紀 90 年代以來，其著述在大陸的影響日益擴大，研究和評述其學術成就和思想的文章越來越多。不過，這些文章主要是對他的一些著作及觀點和方法的評述，對他的學術文化思想的全面和系統研究還相當缺乏。歷史觀是史學家從事學術研究的理論前提和根本方法論，因此，對余英時的歷史觀進行研究是認識其學術思想的基礎性工作。余英時雖然沒有系統和集中地闡述其歷史觀，但是，他在認同儒家歷史文化觀的基礎上，吸收了柯林武德等新黑格爾主義歷史哲學和韋伯社會歷史思想等現代西方歷史哲學思想，對歷史觀的基本問題進行了較豐富和深入的闡述，體現爲一種儒家人文主義歷史觀。他的歷史觀力求將儒家傳統與現代思想加以融合，具有積極的學術意義，同時，也存在理論上的困境。本文力求對此進行一個初步研究，錯誤和不當之處敬請批評指正。

一、人文主義的歷史進化觀

　　歷史是什麼？對於歷史觀的這一根本問題，余英時在介紹英國歷史哲學家柯林伍德的歷史哲學時有明確回答。余英時說，「蓋柯氏所謂『歷史』係專指人的文化成就而言，而人之所以能有文化成就則在於其具備了物質基礎之外，同時復有其獨特的心靈與思想。在此種意義上，只有思想才可以對人類歷史有代表性」，史學家關心的只是「人類思想所創造出來以安頓飲食男女等欲望的種種社會習慣的架構」，因此，所謂的歷史，「事實上仍是人類文化的日積月累之過程，其中每一項新的增添都有其永恆存在的一面。」〔註1〕余英時稱這種歷史觀爲人文主義歷史觀，並說，「在基本立場上，我是偏袒人文主義的；我堅信歷史文化的最大意義在於它提高了人的價值。顯然撇開了人，我們復何貴乎歷史文化呢？」「歷史是人的歷史，離開了人便無所謂歷史與文化，顯然，在歷史發展中人的因素是要占著最主要的地位。」而人文主義的本質，「最簡單的說法乃是尊重人的地位」。〔註2〕因此，「真正的史學，必須是以人生爲中心的，裏面跳動著現實的生命。」〔註3〕他強調人類歷史進化的

〔註1〕余英時，《文史傳統與文化重建》〔M〕，北京：三聯書店，2004，頁 7～9。
〔註2〕余英時，《民主制度與近代文明》〔M〕，桂林：廣西師範大學出版社，2006，頁 125～135。
〔註3〕余英時，《史學、史家與時代》〔M〕，桂林：廣西師範大學出版社，2004，頁 90。

獨特性，批評用生物進化論來比附人類歷史的進化，說：「歷史的確是進化的。但是不幸的很，近代歷史的進化論卻多少建築在生物進化論的基礎之上的。」〔註4〕因為，以人為中心的歷史，只有在文明程度的變遷中方有眞正的進化可言。這種人文主義史觀貫穿於他的學術著作中。

　　然而，余英時反對歷史進化存在規律或通則的思想，說，「規律和模式都建立在一個共同的假定之上，那便是世界各民族都經過一個普遍的社會發展的歷程」，而從理論和實際兩方面來考察，「我們還沒有能夠到心安理得地下斷語的時候」；他在批評中國現代史觀學派時說，自然界的運行遵守自然規律已為近代科學所證明，「如果歷史發展也有它的規律，而這些規律又已在史學上完全獲得了證實。那麼，依照著這種規律而運行的歷史潮流，自然也無法抗拒的。」〔註5〕然而，唯物史觀派所說的人類社會五個階段發展規律（在縱的發展方面）和下層基礎，即物質生活中的生產方式決定著政治、社會、文化等上層建築（在橫的結構方面）的規律至今仍缺乏足夠的理由加以說明，「我無法相信歷史的發展，文明的進步是由某種單一因素的作用。自然我也無法承認歷史發展是遵循著某種既定的公式。」〔註6〕他也反對歷史存在通則。他在討論韋伯《新教倫理》時說，自己的著述雖然深受此書啓發，「但是我的目的並不在建立任何社會發展的通型。我只希望通過韋伯的某些相關的觀點來清理中國近世宗教轉向和商人階層興起之間的歷史關係和脈絡。」〔註7〕20 世紀 90 年代，他在探討五四新文化運動的性質和歷史價值時又說：「如果我們既不承認歷史有通則，也不視歐洲歷史經驗的獨特形態為所有非西方社會的普遍模式，那麼，我們又何須提出中國歷史上是否有文藝復興或啓蒙運動這類問題呢？我們只要如實地發掘五四運動的眞相便足夠了。」〔註8〕余氏所以反對歷史發展存在規律或通則，是由於他認為歷史學不同於自然科學和社會科學，「如果史學也踏入建立通則（即「概念

〔註4〕　余英時，《文化評論與中國情懷（上）》〔M〕，桂林：廣西師範大學出版社，2006，頁 87。

〔註5〕　余英時，《文史傳統與文化重建》〔M〕，北京：三聯書店，2004，頁 369～371。

〔註6〕　余英時，《民主制度與近代文明》〔M〕，桂林：廣西師範大學出版社，2006，128～129。

〔註7〕　余英時，《中國近世宗教倫理與商人精神》〔M〕，合肥：安徽教育出版社，2001，頁 73。

〔註8〕　余英時，《重尋胡適歷程》〔M〕，桂林：廣西師範大學出版社，2004，頁 257。

思考」的層次）那麼它便與社會科學無以分別了。」〔註9〕他在談到社會科學和歷史學的差異時又說，「社會科學的中心任務畢竟是在尋求一般性的通則，而不在闡釋個別文化傳統的特性」，因此社會科學雖有助史學對文化傳統的一般認識，「但是如果我們的研究對象是某一特定的傳統（如中國），那麼，我們卻不能僅以『類型』和『規律』爲滿足。從史學的觀點說，過分強調『形態』、『規律』最後必然流入只有形式而無內容，只有抽象而無具體，只有一般而無特殊的情況。用中國固有的名詞說，也就是有『理』而無『事』；這在史學是即成絕大的荒謬。」〔註10〕

基於上述原因，余英時主張在研究中西歷史文化時要注意尋求其各自特點，反對以西方歷史文化爲模式來詮釋乃至套解中國歷史文化。他晚年評論梁啓超1901年《中國史敘論》有關中國史分期問題時，在肯定梁啓超接受文藝復興以來西方人歐洲史分期模式的史學價值時，又批評梁氏將「西方中心論」帶進了中國史研究領域，結果是，「歐洲史分期論和斯賓塞的社會達爾文主義合流，使許多中國新史家都相信西方史的發展形態具有普世的意義」，他明確表示不能接受這種武斷的預設，稱「現代中、西之異主要是兩個文明體系之異，不能簡單地化約爲『中古』與『近代』之別」。〔註11〕他還說，「中國與歐洲各自沿著自己的歷史道路前進，無論從大處看或小處看，本來應該是不成問題的。我們只要以此爲基本預設，然後根據原始史料所透顯的內在脈絡，去研究中國史上任何時代的任何問題，其結果必然是直接呈現出中國史在某一方面的特殊面貌，因而間接加深我們對於中國文化傳統特色的認識。」而且，自20世紀70年代以來文化一元論和西方中心論在西方人文和社會科學研究中已經退潮，多元文化（或文明）觀念則越來越受到肯定，「也許在不太遙遠的未來，『中國文化是一個源遠流長的獨特傳統』，終於會成爲史學研究的基本預設之一。」〔註12〕因此，他聲稱：「20世紀以來，中國學人有關中國學術的著作，其最有價值的都是最少以西方觀念作比附的。」〔註13〕

余氏反對歷史發展存在規律或通則，卻認爲中西歷史文化發展存在共同

〔註9〕 余英時，《史學、史家與時代》〔M〕，桂林：廣西師範大學出版社，2004，頁83。

〔註10〕 余英時，《文史傳統與文化重建》〔M〕，北京：三聯書店，2004，頁389。

〔註11〕 余英時，《史學、史家與時代》〔M〕，桂林：廣西師範大學出版社，2004，〈序〉。

〔註12〕 余英時，《文史傳統與文化重建》〔M〕，北京：三聯書店，2004，〈序〉。

〔註13〕 余英時，《錢穆與中國文化》〔M〕，上海：遠東出版社，1994，頁313。

性和普世性的因素。他說，自己受五四思潮的影響投身中國史專業時已不能接受任何抽象的歷史公式，更不承認西方史的階段劃分可以爲中國史研究提供典型模式，主張探索中國文化和歷史的特性，「同時，對於五四時代所接受的西方近代文化主流中的一些基本價值，如容忍、理性、自由、平等、民主、法制、人權等，我也抱著肯定的態度。這些價值，當時也被公認爲普世性的……對於西方史的參照功能和起源於西方但已成爲普世性的現代價值，我至今仍然深信不疑。」〔註14〕他在談及中西歷史文化比較時也說世界文化之間存在著普遍性，因爲，「一切文化都是人創造的，其中自不能沒有大體相同的部分；否則不同文化之間的溝通將是不可能的。我們用不著引用任何精微的哲學理論，簡單的歷史事實已足以說明不同文化之間仍然具有『普遍性』的一面。」〔註15〕如，他寫《中國近世宗教倫理與商人精神》一書就是爲了說明韋伯提出的宗教觀念影響經濟行爲具有普遍性，「宗教的入世轉向和商人階層的興起又是中西歷史進程中的共同現象，儘管具體的歷史經驗彼此大有不同。我也希望本書的研究多少能有助於我們對文化普遍性的理解。」〔註16〕

二、歷史發展的連續性和關聯性

歷史發展是連續性的，還是非連續性的？構成歷史的要素在歷史發展中的相互關係如何？這是歷史觀的又一基本問題。余英時認爲歷史發展具有連續性，說：「歷史是講連貫性，是根據『事』來講的……講歷史的連續性，一定要講事，事本身沒有完，歷史便還在延續之中；即便事本身完了，還有它的餘波。所以，講古講今的界限很難分。」〔註17〕西方歷史發展在中古與近代並無截然分界線，「歷史是連續性的；中古並不是黑夜，文藝復興亦未必即是黎明」，「近代正統的文藝復興觀的最大毛病乃在於過分誇大了中古與文藝復興的對立」。〔註18〕他批評了強調歷史分期的做法，說：「歷史的分期原是一種不易接近真實的做法。歷史的長流有如黃河長江，是不可能把它切成幾

〔註14〕余英時，《史學、史家與時代》〔M〕，桂林：廣西師範大學出版社，2004，〈序〉。
〔註15〕余英時，《中國近世宗教倫理與商人精神》〔M〕，合肥：安徽教育出版社，2001，頁67。
〔註16〕同上，頁68。
〔註17〕余英時，《史學、史家與時代》〔M〕，桂林：廣西師範大學出版社，2004，頁91。
〔註18〕余英時，《文史傳統與文化重建》〔M〕，北京：三聯書店，2004，頁66，78。

個片斷的。可是由於人類在不同的時代的努力有著不同的重心，所以從雙趨上著眼，我們似乎也能看到上古、中古、近代每個歷史時代的特殊性，但身臨其境的人們本身並不能意識到這一點。」〔註19〕那麼，如何理解歷史連續性的內涵呢？他指出：「我們肯定歷史是一種發展的過程。就是說，歷史並不是無數彼此不相關聯的事實碎片的偶然集結，而是具有連續性的。這種連續性在各個不同的歷史階段則表現爲史學家所說的趨向、趨勢或潮流；用中國傳統史學的名詞說，便是『勢』。」〔註20〕

歷史之所以具有連續性，根源在於每種歷史具有其自身的核心文化價值系統，即文化中的精神或思想價值。余英時在談到中國傳統文化的現代意義時說：「以整個中國民族而言，我深覺中國文化的基本價值並沒有完全離我們而去，不過是存在於一種模糊籠統的狀態之中。」因爲，「文化的變遷可以分成很多層：首先是物質層次，其次是制度層次，再其次是風俗習慣層次，最後是思想與價值層次。大體而言，物質的、有形的變遷較易，無形的、精神的變遷則甚難。……中國現代的表面變動很大，從科技、制度，以至一部分風俗習慣都與百年前截然異趣。但在精神價值方面則並無根本的突破。」他進而說：「整體地看，中國的價值系統是禁得起現代化以至『現代以後』的挑戰而不致失去它存在的根據的，這不僅中國文化爲然，今天的西方文化、希伯來文化、伊斯蘭文化、日本文化、印度文化都經歷了程度不同的現代變遷而依然保持著它們文化價值的中心系統……各大文化當然都經過了多次變遷，但其價值系統的中心部分至今仍然充滿著活力。」〔註21〕可見，文化的物質、制度、風俗習慣層次都可以變，而精神價值卻不會有根本變化，這樣歷史才能具有持續性。可見，余英時是認同以儒家文化爲核心的中國文化價值系統的。爲此，余英時嚴厲批駁了中國現代思想界將傳統與現代對立起來的主流觀點。首先，傳統是現代化的主體和「宗」，「所謂『現代』即是『傳統』的『現代化』；離開了『傳統』這一主體，『現代化』根本無所附麗」，古今中外一切傳統雖沒有不變的，「但其間終有不變者在，否則將無傳統可言了。用中國的術語說，便是『萬變不離其宗』。」〔註22〕二是，現代與傳統一

〔註19〕余英時，《民主制度與近代文明》〔M〕，桂林：廣西師範大學出版社，2006，頁127。
〔註20〕余英時，《文史傳統與文化重建》〔M〕，北京：三聯書店，2004，頁378。
〔註21〕同上，頁489～492。
〔註22〕同上，頁391～390。

脈相承,「就傳統和現代的關係來說,傳統內部自有其合理的成份,並能繼續
吸收合理性,因而可以與現代化接筍。」〔註23〕他在解釋中國何以走向近現
代化時指出,「近代中國的『變局』決不能看作是完全由西方入侵所單獨造成
的,我們更應該注意中國在面對西方時所表現的主動性」,稱中國現代史學界
過分強調「傳統」與「近代」之間斷裂的做法,「還不足以充分承擔『通古今
之變』的史學任務」。〔註24〕

　　與此密切相關的歷史關聯性,余英時在有關思想史研究的「內在理路」(「內
緣」)和「外緣」關係的探討有著充分的體現。他既重視思想史發展的「內在理
路」,也重視對思想與政治、經濟等其他社會要素的互動關係的探討。他說,「內
在理路」的解釋並不能代替外緣論,「而是對他們的一種補充、一種修正罷了。
學術思想的發展決不可能不受外在環境的刺激」〔註25〕。20世紀60年代,他
在研究民間思想時便指出:「思想史與社會史必須結合起來研究。」〔註26〕他最
初研究中國思想史即是從社會經濟上下功夫,他所著《漢代貿易與擴張》就是
例證。後來,他又明確說:「照知識社會學看來,任何一個思想,都直接或曲折
反映現實的某一部分,或者反映某一部分人的要求。尤其是社會思想、政治思
想、經濟思想,牽涉到社會上所有的人。……知識社會學的興起,雖以曼海姆
爲起點,但追根探源,仍然可以說是馬克思的貢獻。馬克思在這方面的分析,
是相當深刻的。」〔註27〕他晚年所著《朱熹的歷史世界》更是力求展現學術、
思想與政治、文化和社會各方面互動關係,他說,「本書並非著重於學術史、思
想史的內在研究,注意的焦距毋寧集中在儒學與政治、文化以至社會各方面的
實際關聯與交互作用。易言之,即將儒學放置在當時的歷史脈絡之中以觀察其
動態。只有如此,我們才有可能重建朱熹所曾活躍於其中的眞實世界。」「總之,
政治現實與文化理想之間怎樣彼此滲透、制約以至衝突——這是政治史與文化
史交互爲用所試圖承擔的主要課題」。〔註28〕

〔註23〕余英時,《中國思想傳統的現代詮釋》〔M〕,南京:江蘇人民出版社,1995,
　　　　頁102～103。

〔註24〕余英時,《現代儒學論》〔M〕,上海:上海人民出版社,1998,頁58～59。

〔註25〕余英時,《中國思想傳統的現代詮釋》〔M〕,南京:江蘇人民出版社,1995,
　　　　頁227。

〔註26〕余英時,《東漢生死觀》〔M〕,上海:上海古籍出版社,2005,頁3。

〔註27〕余英時,《中國思想傳統的現代詮釋》〔M〕,南京:江蘇人民出版社,1995,
　　　　頁140。

〔註28〕余英時,《朱熹的歷史世界》(上篇)〔M〕,北京:三聯書店出版社,2004,

三、堅持歷史發展多元（因）論，反對歷史發展決定論

余英時始終堅持歷史發展多元（因）論，反對各種歷史決定論或歷史一元論。

早在 20 世紀 50 年代，他便提出了歷史發展多因論，說：「歷史變遷的決定因素究竟誰屬，本身便是一待證的假設。而歷史證明，無論是道德或是經驗，其本身也是變動的，它們的變動亦同樣受某些特殊的因素之支配。僅此一點已可以說明它們之中任何一個都不能成爲決定政治變遷的唯一因素。」〔註 29〕又說：「首先，我絕不是一元論的。其次，我更不是定命論的。……歷史的因素極多，也極複雜。有主觀的，有客觀的；人是主觀因素，自然環境與社會環境是客觀因素。歷史是人的歷史，離開了人便無所謂歷史與文化，顯然，在歷史發展中人的因素是要占著最主要的地位，但人並不能任意決定歷史，因爲社會的進化還有其他各種客觀因素如地理、氣候、政治、經濟文化。」〔註 30〕他晚年談到韋伯的反歷史決定論時又說：「韋伯是堅決反對歷史單因論的。他曾說：我抗議一種說法。……以（歷史上）某一種因素，無論是技術或經濟能成爲其他因素的『最後的』或『眞正的』原因。如果我們觀察（歷史上的）因果線索，我們便會發現在某一時期它是從技術向經濟和政治方面走動，但在另一時期則又是從政治向宗教和經濟方面走動。……韋伯的歷史多因論和我自己的一貫看法大致相合，而且今天多數的史學家也都持類似的見解。」〔註 31〕

20 世紀 80 年代末，余英時在談到文化超越性時對歷史決定論的實質、表現和危害作了具體闡述。他說，「所謂『決定論』即指有些事象本身沒有自性而是被其他的東西或力量決定的。」它在各個思想學術領域都可以找到，「但是現代的各種『決定論』又不是任意的，它們的背後有幾個共同的『基本假定』。大致說來，這些『假定』包括：物質決定精神、有形的決定無形的、具體的決定抽象的、卑微的決定高尚的、深層的決定表層的」等等。『決定論』的另一面則是化約論，在分析的過程中，我們只要把上列的次序顛倒過來便

　　頁 4～6。

〔註 29〕余英時，《民主制度與近代文明》〔M〕，桂林：廣西師範大學出版社，2006，
　　頁 390。

〔註 30〕同上，頁 128～129。

〔註 31〕余英時，《儒家倫理與商人精神》〔M〕，桂林：廣西師範大學出版社，2004，
　　頁 61～62。

可以完成任務了。不能否認，決定論和化約論在自然科學研究上有其效用和必要性；而且這兩種思想模式也是從科學方面移植到人文方面的。……『決定論』挾著科學的權威侵入了通俗思想，影響了一般人的觀念。建立在上述幾個『基本假定』上的決定論思潮自然排斥了文化超越的觀念。因此，現代一般人對於宗教和一切其他的精神力量都看得很淡，而對於具體有形的東西則加以重視。」〔註32〕

　　余英時認為，歷史決定論忽略了歷史發展中文化和精神的主體能動性和創造活力。他在談到各種決定論對思想史研究的危害時說，唯物主義決定論和各種行為主義決定論導致了「人們往往看不到思想在歷史進程中的能動性」，然而在歷史進程中，「思想的積極作用是不能輕易抹殺的，而且只要我們肯睜開眼睛看看人類的歷史，則思想的能動性是非常明顯的事實，根本無置疑的餘地」。〔註33〕所以，他對歷史決定論的批判主要是指向物質或經濟決定論，提醒人們要充分認識思想或文化的獨立性或超越性。他說，「我只希望在史學領域內為人的相對自由和文化的相對超越性保留一點空間。歷史決定論曾經是現代最有力的一種思潮，但是歷史發展真是由經濟原因單獨決定的嗎？」「思想的無形力量也會發生改變歷史的巨大作用；人的自由選擇比歷史規律之說有時更能說明問題。」〔註34〕然而，他也反對思想文化決定論，說：「宇宙太浩大了，我們根本不能愚妄地企圖從某一個角度上來窺盡天下的真理，何況即使我們有所『見』，而此所『見』也未必便是真理或真理的全部呢？」〔註35〕又說：「我們強調文化的自主性，並不涵蘊文化史決定一切的意識，只不過是為了修正以前社會經濟文化的偏激之論而已。」〔註36〕《朱熹的歷史世界》在分析宋孝宗時運用了心理方法，但他提醒說：「以上兩節論孝宗的心理歷程及其在心理史學上的含義，其目的只是給孝宗時代的政治文化增添一個理解的層面。這是心理的層面，可以與其他層面如思想、權力等互相映照，但卻不能將其他層面化約到心理的層面。我不取任何歷史決定論的預設立

〔註32〕余英時，《文史傳統與文化重建》〔M〕，北京：三聯書店，2004，頁494～495。
〔註33〕余英時，《史學、史家與時代》〔M〕，桂林：廣西師範大學出版社，2004，頁119～120。
〔註34〕余英時，《文史傳統與文化重建》〔M〕，北京：三聯書店，2004，頁496。
〔註35〕余英時，《文化評論與中國情懷（上）》〔M〕，桂林：廣西師範大學出版社，2006，頁26。
〔註36〕同上，頁276。

－134－

場，心理決定論也包括在內。」〔註37〕

四、文化（思想）、經濟、政治在歷史發展中的作用和相互關係

余英時主張歷史多元論。那麼，影響歷史發展主要有哪些因素呢？在他看來，社會大體可以分爲文化、政治和經濟三大並行而又相互聯繫的領域，「如果我們把文化和政治、經濟等並列起來，我們要強調的一點是文化也有它相對獨立的領域。這是韋伯以來所逐漸建立起來的一種共識。在實際人生中，政治、經濟、文化等當然是互相聯繫，渾然一片的。但分析起來，這幾個主要的生活領域又各有獨立自主的運作規範。」〔註38〕因此他對這三者、特別是文化（思想）的歷史地位和作用有較多的論述。

關於文化（思想）的歷史地位和作用。他認爲，文化「即是一個民族的生活方式，主要是精神生活方面的事，如思想、學術、宗教、藝術之類，而關鍵尤其在『方式』兩個字上。如果用結構功能派社會學的名詞，即相當於『文化系統』，大致以規範和價值爲主。一切民族都有大致相同的精神生活——如宗教、學術、藝術之類，但『方式』各有不同。」那麼，文化在歷史發展中具有什麼樣的作用呢？他說：「人能從原始的自然狀態中超拔出來，逐步進入文明的歷史階段，是和宗教、道德、藝術等的出現和發展密切相關的。科學有改變世界的力量，這一點大家都看得見，其實宗教、道德、藝術等也同樣在歷史上發生了重大的作用，決不可簡單地看作是社會狀況的反映。不過宗教、道德、藝術等精神力量往往要在一個較長時期中才能看得出來，不像經濟力量或政治力量那樣直接而具體，所以從急功近利的觀點看，好像無足輕重。其實這些精神力量的巨大是決不容忽視的。」〔註39〕

思想是文化的重要方面乃至核心。余英時早期受柯林伍德歷史哲學的影響，對其「一切歷史都是思想的歷史」的觀點相當推崇，說：「歷史家所研究的既爲歷史文化的過程，而歷史過程之根本意義則在於有人的思想貫穿其間，歸根結底歷史家是最關心思想的。就此種意義說，歷史之事件也都是思想的外在表現。」〔註40〕後來，他又說：「思想一方面是在決定論的基礎上活

〔註37〕余英時，《朱熹的歷史世界》（下篇）〔M〕，北京：三聯書店出版社，2004，頁768。
〔註38〕余英時，《文史傳統與文化重建》〔M〕，北京：三聯書店，2004，頁493。
〔註39〕同上，頁493，501。
〔註40〕同上，頁8。

動，另一方面則也具有突破決定論的限制的潛能。在後一種意義上，我們可以說，思想創造歷史，正由於思想可以創造歷史，並且實際上也一直是歷史進程中的一股重要的原動力。」〔註41〕他寫《中國近世宗教倫理與商人精神》一書便是要全面揭示思想觀念對明清商業經濟的影響，「本書所研究的明清商人的主觀世界，包括他們的階級自學和價值意識，特別是儒家的倫理和教養對他們的商業活動的影響。」〔註42〕在他看來，此著借鑒和運用「韋伯式」的問題方式十分重要，「我所謂『韋伯式』的問題或論點則專指《新教倫理》一書處理宗教觀念影響經濟行爲的問題而言。把喀爾文的教義看作資本主義興起的原因之一確是韋伯個人的創見。在這一創見的背後當然隱含了一種假定，即思想本身也自有其某種程度的獨立自主性，在客觀條件的適當配合之下，思想也可以成爲推動歷史發展的力量。」〔註43〕

余英時如此看重文化和思想的歷史作用，除因秉持人文主義史觀外，也是爲了糾正中國現當代文化思想界普遍存在的忽視思想文化地位和作用的現象。他曾說：「我們這一代思想史家特別面對的另一個長期存在的困惑是因果觀念的問題，受歷史唯物論，最近更直接的則受知識社會學的衝擊，人們今天普遍傾向於從社會經濟和政治環境出發思考觀念，將觀念隔絕在不受時間影響的眞空裏的傳統習慣已經衰退。」〔註44〕他在思想史研究中提倡「內在理路」的方法，亦是對歷史研究中過分或單純注重政治、社會和經濟變化等外部因素（即外緣）的不滿和糾正。他說：「如果外緣解釋有助於理解廣泛意義上的思想運動，那麼內在解釋則可以單獨對這一運動爲什麼沿著它該有的特殊路線走給出特別的回答。」〔註45〕

余英時反對經濟決定論，但不否認經濟在歷史發展中的重要地位和作用。20 世紀 50 年代初期，他在新亞書院做研究生時主要的興趣便是研究漢魏南北朝社會經濟史。1955 年，他到美國後仍對社會經濟史有濃厚興趣。其早期史學代表作《漢代貿易與擴張——漢胡經濟關係結構的研究》就十分重視

〔註41〕余英時，《史學、史家與時代》〔M〕，桂林：廣西師範大學出版社，2004，頁121。

〔註42〕余英時，《中國近世宗教倫理與商人精神》〔M〕，合肥：安徽教育出版社，2001，頁61。

〔註43〕同上，頁62。

〔註44〕余英時，《東漢生死觀》〔M〕，上海：上海古籍出版社，2005，頁4～5。

〔註45〕余英時，《人文與理性的中國》〔M〕，上海：上海古籍出版社，2007，頁131。

經濟的作用，如在分析匈奴入侵的原因時，認爲：「經濟上的依賴性似乎一直是造成匈奴侵奪邊境和發動征服戰爭的主要原因。」在考察漢代向西部擴張原因時，說：「從漢廷的觀點看，很顯然，向西部的擴張主要是受政治和軍事方面的考慮所驅動的，不過，當我們在考察張騫之後派往西域的各個使者時，立刻就很清楚，經濟目的肯定也起了同樣的重要的作用。」〔註 46〕他認同馬克思有關社會意識與社會結構關係的思想，在 90 年代曾說：「馬克思的貢獻首先在於明確地指出人的社會意識與社會結構（特別是階級結構）之間有一種深刻內在關聯，這是以前研究思想史的人所不曾注意到的問題。」〔註 47〕而馬克思講的社會結構首先便是社會經濟結構。不僅如此，他還用經濟基礎來說明社會風氣和思想的變遷。如，他在討論漢晉士風的形成時說，「士之自覺亦具有經濟之基礎，而與思想變遷關係至深，則尚未能甚受治史者之注意」，「然則士大夫內心自覺雖絕非經濟基礎一點所能完全決定，但後漢中葉以來士人一般經濟狀況之漸趨豐裕與生活日益悠閒，亦必曾助長內心之自覺，並影響及士風與思想之轉變，殆無疑也。」〔註 48〕

余英時認爲政治在中西歷史中都佔有重要的地位。他曾說：「翻開幾千年來的人類歷史，政治一直是最熱鬧的一頁；有人說中國的歷史只是帝王家譜，其實西方的歷史也同樣是以政治活動爲中心的。」〔註 49〕20 世紀 70 年代在分析中國歷史特質時，他認爲中國存在著相當特殊的政治傳統，爲此應當加強中國政治史的研究，「資本主義不出現，近代科學不發達都或多或少和這個獨特的政治傳統有關。因此我希望大家多研究中國的政治史，不要存一種現代的偏見，以爲經濟史或思想更爲重要。」〔註 50〕他晚年所著《朱熹的歷史世界》更是重視政治史與文化史互動研究的典範。但是，他反對誇大政治在歷史發展中的作用。在談到中國現代民主與文化重建的關係時，他明確指出，「文化、思想能夠開創政治，而不是政治力量可以宰制文化和思想」，然而，現代中國一般知識分子「似乎存在著一種過分重視政治的傾向，這可以說是中國

〔註46〕余英時，《漢代貿易與擴張——漢胡經濟關係結構的研究》〔M〕，上海：上海古籍出版社，2005，頁 42，116。

〔註47〕余英時，《中國知識人之史的考察》〔M〕，桂林：廣西師範大學出版社，2004，頁 167。

〔註48〕余英時，《士與中國文化》〔M〕，上海：上海人民出版社，2003，頁 289～291。

〔註49〕余英時，《民主制度與近代文明》〔M〕，桂林：廣西師範大學出版社，2006，頁 252。

〔註50〕余英時，《文史傳統與文化重建》〔M〕，北京：三聯書店，2004，頁 146。

近代思想史上的一大盲點，即認爲中國一切問題的解決最後必須訴諸政治」，實際上，「政體只是軀殼，文化則以靈魂注入此軀殼」，「如果我們接受民主的建立離不開文化基礎這一簡單的歷史事實，則文化建設似乎比政治運動更爲迫切。中國近代史上民主發展歷程的艱困至少有很大一部分是由於文化的準備不夠充分。……總之，是文化狀態決定了政治結構，不是政治結構改變後才帶來文化的新發展。」〔註51〕

五、余英時儒家人文主義歷史觀的學術價值和理論困境

余英時在秉承儒家人文主義歷史文化觀的基礎上，吸收了柯林武德等新黑格爾主義歷史哲學和韋伯社會歷史思想等現代西方歷史哲學思想，對歷史觀的基本問題作了較系統的回答，既具有重要的學術價值，也存在理論的困境。

余英時將歷史本質上視爲一種人文的進化，強調中西歷史發展道路各自的特徵，反對西方歷史中心論，突出中國歷史的價值，主張對中國傳統的自我認同，反對各種形式的中國歷史文化虛無主義，這些無疑是深刻和積極的見解。但是，他對社會歷史發展是否存在規律的理論認識值得商榷。第一，人類社會歷史作爲一種客觀發展過程，儘管其發展與自然界的發展有著很大差異，但是，能否以此說明歷史的發展爲何肯定沒有規律呢？第二，中國和西方歷史發展道路不同，能否證明我們就不能站在古今人類各不同民族和國家整體歷史發展的高度來歸納人類歷史發展的普遍規律呢？反對西方中心論，是否要以否定人類歷史存在普遍規律爲前提呢？第三，以往的歷史哲學、包括唯物史觀對人類歷史發展規律的概括和認識存在這樣或那樣的問題，是否就能夠以此來證明人類歷史就沒有普遍的規律呢？因爲，前者是一種歷史主觀認識，後者是一種歷史客觀存在，歷史認識不符合歷史存在，在邏輯上和實際上都不能因此否認歷史規律不存在。當然，余氏以人類不同民族歷史發展存在普遍性或共同性來取代歷史規律說，試圖對人類歷史發展的這一根本問題予以解釋，但是這並未對上述問題作出充分的理論回答。

余英時主張歷史發展的連續性，強調傳統是一個民族和國家歷史發展的根本所繫。他反對西方近代特別是中國近代思想界將傳統與現代對立的歷史發展觀，並通過史學的實證研究加以論證，提出了歷史研究的「內在理路」

〔註51〕余英時，《錢穆與中國文化》〔M〕，上海：遠東出版社，1994，頁278～286。

（內緣）說，這些大大拓展了學術研究的新視野和新空間，克服將傳統與現代簡單對立的歷史文化觀及其方法的化約。從現實意義說，對於人們重新認識中國歷史和傳統文化的價值，增強中華民族復興的民族自信心也具有重要作用。不過，主張歷史發展的連續性而強調傳統的意義，是否就一定要否認歷史發展存在質的飛躍呢？如果承認歷史發展有質變，那麼如何認識歷史發展中的質變和量變，進而對歷史發展不同階段加以分期以達到科學的歷史認識，余氏的理論回答並不充分。其次，從古至今不同民族的歷史發展並非都具有連續性，許多民族或政治體（國家、城邦和部落等）的歷史已經消亡，斯賓格勒和湯因比的文化形態史觀對此有深刻的回答，易言之，並非所有的歷史都有傳統。如果我們預先設計歷史必有傳統，就如西方近代理性主義史學，最終流爲純粹的思辨歷史哲學，而非歷史學了。

余英時指出，考察社會歷史發展中哪些因素在起作用和各自發揮什麼樣的作用，應當通過對歷史的具體研究得出；他批判了那種預先將某種因素或力量視爲歷史決定因素，進而以此指導歷史研究的先驗歷史決定論，強調要充分認識歷史發展中各種因素的相互作用及其關係的複雜性，這些是正確和積極的。余英時的大量史學實踐也是從具體的歷史出發來考察社會歷史諸要素在歷史發展中的地位、作用和相互關係的。他把反對歷史決定論的重點指向忽視甚至是無視歷史發展中人的主體能動性和精神性力量的作用，對於克服庸俗、機械的唯物論或經濟決定論是切中要害的。不過，這些並不意味著歷史決定論在理論上必然是錯誤的，也不能說明在社會歷史發展中就不存在決定性力量或因素。預設歷史發展存在某種決定性力量或因素，自然是先驗的和主觀的；將前人從某種歷史研究中得出的歷史決定論作爲理論教條來運用，同樣是先驗和主觀的，這兩種先驗和主觀的歷史決定論都必須反對。然而，這同樣不意味著當人們通過具體的歷史研究得出某一歷史時期、某一民族或國家歷史發展中確實存在某種決定性因素或力量的結論也是錯誤的。歷史發展是多因（元）、還是一因（元），是一個有待通過歷史研究來回答的問題。如果在進行研究之前首先就預設歷史發展是多元的，這只不過是一種先驗的歷史多元論，與先驗的歷史一元論沒有本質區別。

實際上，余英時雖然反對歷史決定論，可是他卻過於看重歷史發展中精神或思想的作用。如，他強調指出歷史發展中文化領域在精神或思想層面的要素具有核心價值，在歷史發展具有長久的影響，是一個民族現代化的根本

所繫。這裏並非是說，余英時的這種歷史結論不正確，而是說，如果要反對歷史決定論，卻又強調文化核心價值在歷史發展中的根本地位和決定作用，那麼，余氏反對歷史決定論在理論上便不能自恰了。事實上，認同儒學的現代價值、特別是其對中國現代化具有決定作用的，便是一種文化道德決定論。他在談到文化（思想）、經濟和政治在歷史中發展作用時，雖然主張三大領域是相互聯繫的、而又各有獨立自主的運作規範，實際上卻更看重文化思想的因素。特別是當他談到中國現代民主與文化重建的關係時，明確說過如下的話：「文化、思想能夠開創政治，而不是政治力量可以宰制文化和思想」，「政體只是軀殼，文化則以靈魂注入此軀殼」，「是文化狀態決定了政治結構，不是政治結構改變後才帶來文化的新發展。」

余英時儒家人文主義歷史觀的特色是，在維護中國傳統儒家道德文化（尊德性）的立場上，發掘中國傳統文化中「道問學」的因素，力求吸收西方在科學文化（他視之爲道問學）來應對西方近代以來文化的挑戰，以求對中國歷史文化的現代復興之路做出了自己的理論回答，與現代新儒家同屬中國當代文化保守主義陣營。然而，與現當代諸多新儒家從義理即哲學進路來思考和解答中國傳統的現代走向不同，他主要是從對中國歷史所做的大量經驗研究基礎上來探究和回答的這一問題的，走著一條類似於其師錢穆的那種以史學復興傳統文化的進路。然而，與其師錢穆不同的是，他對西方文化予以了更多的認同，包括肯定西方自由、民主的普世價值，這又與當代其他新儒家有共同之處。他所做的歷史考察和理論探討無疑具有積極的學術價值，對中國傳統的認同也能培養國民的愛國情感。不過，這種主張儒家傳統的現代意義和德性文化普世價值理論，在本質上仍未脫離中國文化中心論；同時，對中國傳統的現代認同到底是一種價值認同還是一種事實認同？還是事實認同與價值認同的統一？這些理論困境仍是余英時乃至現當代新儒家歷史哲學需要更進一步做出理論回應的。

參考文獻

1. 余英時，《文史傳統與文化重建》〔M〕，北京：三聯書店，2004。
2. 余英時，《民主制度與近代文明》〔M〕，桂林：廣西師範大學出版社，2006。
3. 余英時，《史學、史家與時代》〔M〕，桂林：廣西師範大學出版社，2004。
4. 余英時，《文化評論與中國情懷（上）》〔M〕，桂林：廣西師範大學出版社，

2006。

5. 余英時，《中國近世宗教倫理與商人精神》〔M〕，合肥：安徽教育出版社，2001。

6. 余英時，《重尋胡適歷程》〔M〕，桂林：廣西師範大學出版社，2004。

7. 余英時，《錢穆與中國文化》〔M〕，上海：遠東出版社，1994。

8. 余英時，《中國思想傳統的現代詮釋》〔M〕，南京：江蘇人民出版社，1995。

9. 余英時，《現代儒學論》〔M〕，上海：上海人民出版社，1998。

10. 余英時，《東漢生死觀》〔M〕，上海：上海古籍出版社，2005。

11. 余英時，《朱熹的歷史世界》〔M〕，北京：三聯書店出版社，2004。

12. 余英時，《儒家倫理與商人精神》〔M〕，桂林：廣西師範大學出版社，2004。

13. 余英時，《人文與理性的中國》〔M〕，上海：上海古籍出版社，2007。

14. 余英時，《漢代貿易與擴張——漢胡經濟關係結構的研究》〔M〕，上海：上海古籍出版社，2005。

15. 余英時，《中國知識人之史的考察》〔M〕，桂林：廣西師範大學出版社，2004。

16. 余英時，《士與中國文化》〔M〕，上海：上海人民出版社，2003。

附錄二：
美國華裔學者儒家思想史解釋論析

路則權

（中國孔子研究院　曲阜）

提　要

　　美國華裔史家的儒學研究，與哲學家在儒家思想史解釋範式有所不同，總的來說上，有外在理路、內在理路和互動三種解釋類型。外在理路類型的代表作如《兩宋之際的文化轉向》。內在理路解釋的典範如《論戴震與章學誠》、《危機中的中國知識分子》。而互動研究的典型如《朱熹的歷史世界》。

　　關鍵字：華裔史家；外在理路；內在理路；互動

　　二戰後，美國的中國思想史研究，出現了注重以儒家文化爲核心的中國傳統文化發展演變過程的研究，儒家思想研究出現繁榮局面。如，1952～1960年，美國遠東協會中國思想委員會先後組織召開了「中國思想的歷史特徵」、「中國思想與制度」、「行動中的儒家」、「儒家的說服術」、「歷史上的儒家人物」五次關於儒家思想的研討會。許多學者和論著爲我國學界所熟知，如顧立雅、史華慈、芮沃壽、列文森、狄百瑞、艾爾曼等。重要著作如《尋求富強：嚴復與西方》、《儒家中國及其現代命運》、《中國自由傳統》、《從理學到樸學》等。事實上，在這一學術發展的進程中，美國華裔學者功不可沒。他們在具體的歷史解釋中，有外在範式，也有內在理路，還有互動研究，逐漸改變了美國中國思想史研究以外在進路爲範式的思維模式。

一、外在理路

　　在探究中國文化轉向上，劉子健的《兩宋之際的文化轉向》是外在理路解釋的典範。中國文化的特性，在西方的比較下，一直是被看作是內斂型的。〔註1〕是不是一直如此呢？若不僅如此，它何時發生了如此大的變化？還有爲何中國的現代化進程如此舉步維艱？一直困擾著每個中國的知識人。劉子健帶著這種情懷研究了兩宋文化和儒學轉型。

　　劉子健指出：11 到 12 世紀，中國文化經過沉澱和自我充實後，轉而趨向穩定、內向甚至沉滯僵化，並持續到 20 世紀初期。日本或歐美學界把宋代稱爲「近代初期」（early modern）的觀點，在他看來，是與「歐洲中心論」相比較得出的結論。他認爲，這種觀點有一個邏輯的悖論：那就是若宋代是「近代前期」，爲什麼「近代後期」沒有接踵而至呢？他提出自己的理論前提：「不同文化的演進並沒有一個放之四海而皆準的模型，不是沿著單一的軌道、經過相同的特定步驟前進的。相反，不同的文化常常有著不同的發展重心。」〔註2〕

〔註1〕 對於儒學爲何轉向內在的解釋。余英時強調說：「宋代儒學復興的原始要求是根據『三代』的理想重建一個合理的秩序。這是宋代儒學的根本方向，貫穿於三個階段之中，並無改變。理學起於北宋，至南宋而大盛，它所發展的則是儒學中關於『內聖』的部分。它賦予儒學以新貌，但不是全貌。」（余英時：《朱熹的歷史世界》（下冊），三聯書店，2004 年，第 410 頁。）

〔註2〕 劉子健著，趙棟梅譯：《中國轉向內在──兩宋之際的文化內向》序言，江蘇

劉子健指出以往研究重視唐宋變革，常常忽略兩宋的差異性。在他看來，北宋的文化是外向的，而「南宋在本質上趨向於內斂」，〔註3〕並且影響深遠。為什麼會如此呢？他對以往的政治地理學、資源耗費、馬克思主義、中國傳統史觀幾種解釋進行分析後指出：要解釋這種轉折，「必須聚焦於從女真入侵到高宗中興，在南方再造宋朝的時期。此期既有表面上的大變動，其間所發生的一系列事件更在政治和思想文化方面產生了深遠影響。」〔註4〕劉子健認為，儒學在宋代對政治和其他領域產生了直接影響。

劉子健主要分析了政治本身對文化的影響。南宋時期，文化上的道德保守主義者雖然未能取得權力，但他們對於北宋覆亡的文化屈辱，激起了他們強烈的道義憤慨。如軍事上的失敗、士大夫階層的可恥投降、追求私利等。當然，皇室成員的囚禁和長期放逐也帶來了無法言說的屈辱。對於宋高宗放棄民族尊嚴的乞和，更是難以接受。在儒家知識分子看來，要拯救國家，不僅在於軍事，首先是社會值得拯救，而且「唯一的出路便是道德重建」。〔註5〕在對王安石變革激烈的批判中，保守主義傾向大大增強。在如何鞏固帝國這一根本問題上，南宋政權寄希望於建立崇高的道德標準，形成了以少數派官僚和幾位皇家教師為主的道德保守主義群體。宋高宗也開始了「司馬光崇拜」，保守主義知識分子譙定、楊時、胡安國、尹火享 先後被徵召。但他們沒有任何的理論創新，只是在前輩劃定的圈子裏耕耘，也就是，他們已經轉向內在。儘管如此，保守主義者仍不滿足，尤其是朱熹學派，開始提出「正統」要求。1136 年朱震和陳公輔的辯爭將保守主義者置於十分不利的處境。宋高宗也倒向多數派官僚一方，開始冷落道德保守派，程學的最大保護人趙鼎失去相位和秦檜的上臺也加劇了道德保守主義的失勢。當然，在朝廷之外，他們通過著書立說，開學授徒，從另一方面進行鬥爭和生存。

劉子健通過皇權、相權和知識分子的互動，討論了文化與政治的關係，也就是道德保守主義者和現實主義者的政治衝突。政治對文化之間的關係，簡單說有接受、壓制和調和三種類型。北宋選擇了接受王安石的新學，南宋起初對道學採取了壓制，但很快轉向了調和。也就是說，劉子健認為，道學向國家正統抬升，是政治在其決定作用，而非學術本身，朱熹學派地位在政

人民出版社，2002 年，第 2 頁。
〔註3〕同上，第 7 頁。
〔註4〕同上，第 13 頁。
〔註5〕同上，第 55 頁。

治上的提升得益於皇位繼承危機。

　　劉子健在對可能的批評進行回應：避開了一般對新儒家在哲學上的探究，而注重於政治與學術的互動研究，這是他的目的所在。另外，在強調新儒家轉向內在時，必須解釋朱熹的成功。他承認朱熹是「11 世紀儒家先行者們的同道和最成功的繼承人，同時又超越了他們全體。」〔註6〕朱熹的成功正是在於他經常涉及到哲學以外的領域，因此反過來也證實了上述觀察的正確性。最後，對於新儒家，劉子健認爲是值得讚賞和尊敬的。他們的失敗更多是政治上的壓力，國家權力始終是中心所在，士大夫不可能形成一個群體。

　　在內藤湖南、柳詒徵的論證基礎上，劉子健所提出的中國文化的內在轉向的觀點，學界評價褒貶不一。但解釋思想文化的方法上，更傾向於外在力量的解釋，這與余英時的內在理路研究清代思想史有著明顯的不同。

二、內在理路

　　儒學研究的外在解釋讓我們看到了歷史的一個面向，但有時不能深入思想內核，難以完全解釋歷史現象的深層因素，這也引起部分華裔學者的警惕，如余英時、張灝等。

　　對宋、明理學一變而爲清代經典考證的問題，近代以來的學人對此各有解釋。〔註7〕余英時從學術思想史的「內在理路」闡明理學轉入考證學的過程。〔註8〕他從文獻入手，論證了「內在理路」可以解釋儒學從「尊德性」向「道問學」的轉變。

　　余英時認爲考證學從清初到中葉的發展，表現出一個確定的思想史方

〔註6〕 劉子健著，趙棟梅譯：《中國轉向內在——兩宋之際的文化內向》序言，江蘇人民出版社，2002 年，第 142 頁。

〔註7〕 如胡適和錢穆都曾對此進行過解釋。

〔註8〕 余英時的「內在理路」源於錢穆。例如錢穆論及吳學的反理學特點時說：「亭林爲《音學五書》，大意在據唐以正宋、據古經以正唐，即以復古者爲反宋，以經學之訓詁破宋明之語錄，其風流被三吳，是即吳學之遠源也。而浙東姚江舊鄉，陽明之精神尚在，如梨洲兄弟駁《易圖》，陳乾初疑《大學》，毛西河盛推《大學古本》，力辨朱子，其動機在爭程朱陸王之舊案，而結果所得，則與亭林有殊途同歸之巧，使學者曉然於古經籍之與宋學，未必爲一物。其次如閻百詩辨《古文尚書》，其意固猶尊朱，而結果所得，亦使人知通經端在溯古，晉唐以下已可疑，更無論宋明也……」（錢穆：《中國近三百年學術史》上冊，商務印書館，1997 年，第 320 頁。）這就是把不同時代的思想因素編織爲一條綿延不絕的線索。

向。也就是清儒的考證學，尤其是初期，對於考證對象的選擇和儒學內部的重要義理相關。他認為，清儒在自覺排斥宋代「義理」時，同時也受到儒學內部一種新義理要求的支配。余英時指出，在方法論層次上，「清儒所嚮往的境界可以說是寓思於學，要以博實的經典考證來闡釋原始儒家義理的確切含義。」〔註9〕

余英時贊同龔自珍總結的清儒運動為「道問學」，他解釋為「如何處理儒學中的知識傳統。」〔註10〕因此，余英時反對近代以來流行的觀點：中國在純知識領域表現不足。他指出，儒學內部有獨特的知識問題。當然不能說清儒有了追求純客觀知識的精神，就會導致現代科學的興起。余英時進一步表達出自己的研究目的：清代「道問學」是儒學發展的最新面貌，應該成為儒學從傳統到現代過渡的始點。在余英時的潛意識裏，儒學必須解決知識問題，才能應對現代西方文化的挑戰和實現自我發展。

余英時指出對於戴震和章學誠的評價，近代以來的學者和乾嘉學人正好相反。他解釋說，這是因為近代學者採用的義理標準，而乾嘉學人是以考證為準繩。在余英時看來，他們二人與考證學風都有很深的鴻溝。但若轉換視角看，他們卻又是清代中葉儒學的理論代言人。既有考證的基礎，又有義理的方向。余英時試圖對戴震、章學誠在學術思想的交涉進行全面分析。尤其是要通過章學誠進一步認識戴震，同時也進一步深入研究戴震究竟對章學誠影響的程度大小及其作用。就研究方法上，余英時採用了歷史和心理的角度加以理解。

這其中，《從宋明儒學的發展論清代思想史——宋明儒學中智識主義的傳統》和《清代思想史的一個新解釋》從宏觀上論證了宋明儒學和清代思想史的關係。余英時不認同梁啓超和胡適的理學反動說，基本上贊同錢穆和馮友蘭的理學延續創新說。他將宋明理學中朱陸異同的爭論解釋為為智識主義和反智識主義的衝突。當明代反智識主義達到最高峰後，又開始轉向智識主義。前文是後文的背景，最終目的仍在論述宋明理學與清代儒學的關係。後者是對清代儒學的新解釋：「道問學」的轉向問題，這都為戴震和章學誠研究提供了更廣闊的時代背景。

〔註9〕 余英時：《論戴震與章學誠——清代中期學術思想史研究》自序，三聯書店，2005年，第3頁。

〔註10〕 同上，第4頁。

　　張灝的晚清思想史研究集中在思想家內在變化上。他認爲 19 世紀末的中國學者「主要是根據從儒家傳統沿襲下來的那套獨特的關懷和問題，對晚清西方的衝擊作出回應的。」〔註 11〕如《危機中的中國知識分子》注意力是關注康有爲、譚嗣同、章炳麟、劉師培「轉變時期」（1890～1911）思想變遷。〔註 12〕

　　張灝不滿於思想史研究中對改良與革命過多的關注，而忽略了那個時代思想的其他方面。張灝認爲這四位「處在民族主義和『世界主義』兩極之間。」〔註 13〕僅把他們用「現代化」來解釋，則過於寬泛失去特有內涵。中國近現代思想究竟是承續性還是斷裂性也是聚訟所在，但總的趨勢是斷裂性占主導的。〔註 14〕張灝認爲，他們的思想是承續性和斷裂性的混合。

　　張灝認爲，要眞正理解他們的思想，就要「以他們成長的思想環境」爲研究出發點。他所說的「思想環境」特質在特殊環境中流行的思想和價值。人們往往根據自己所處的「情境」來確定某些思想的確定意義。這裏的「情境」，張灝指「所理解的周圍的生活世界」。〔註 15〕

　　19 世紀後期，中國的新懷疑主義從傳統政治秩序的外表向內核深入。君主制被批判，其合法性被侵蝕。「天子」所代表的神秘性逐漸被粉碎和清除了。這當然源於對外部世界的新瞭解。西方文化正進入到重要的一些方面。對於宇宙論王權制的懷疑，不僅僅是中國人政治的危機，更重要的是一種意識危

〔註 11〕 張灝：《梁啓超與中國思想的過渡（1890～1907）》，江蘇人民出版社，1995
　　　　　年，第 3 頁。
〔註 12〕 張汝倫指出：國內知識界對張灝思想的瞭解似乎僅在於他的「幽暗意識」概
　　　　　念。但中國近代思想史的轉型期問題卻事關對中國近代思想史性質的總體看
　　　　　法。事實上張灝的《危機中的中國知識分子》就是圍繞著這個問題展開的。
　　　　　張灝的論述有未經明言的理論預設，這就是西方經典的關於現代性的定義和
　　　　　言說，即以西方近代的歷史發展及其區域特徵作爲現代的普遍標準。這種言
　　　　　說反映在對非西方國家近代史研究和早期現代化理論中，就是有名的「傳統
　　　　　──現代」對立和「挑戰──回應」的模式。張灝關於中國近代思想史轉型
　　　　　期的論述如若沒有上述這兩個對立和模式的預設，是斷乎無法提出的。（張汝
　　　　　倫：《良知與理論》，廣西師範大學出版社，2003 年，第 213～215 頁。）
〔註 13〕 張灝：《危機中的中國知識分子──尋求秩序與意義》，新星出版社，2006 年，
　　　　　第 3 頁。
〔註 14〕 列文森的《儒教中國及其現代命運》是斷裂性的代表，而墨子刻的《擺脫困
　　　　　境：新儒家和演化中的中國政治文化 》則強調繼承性。
〔註 15〕 張灝：《危機中的中國知識分子──尋求秩序與意義》，新星出版社 2006 年，
　　　　　第 5 頁。

機。〔註 16〕因爲這套「東方符號系統」爲中國人的思想建立起了「普遍存在秩序」。中國知識分子面臨的是更爲深遠的「東方秩序危機」，當然也包括政治危機。這種危機感在不同人身上感受不同。一些知識分子意識到需要重建世界觀來應對這個危機。〔註 17〕

這種特有的世界觀使得他們四人發展超越了中國知識界的改良派和革命派中的民族主義。〔註 18〕儘管傾向有所不同，卻都體現了道德性和精神性融合特徵。康、劉是道德性支配他們，而譚、章則爲精神性所主導。這其中，他們又顯著的傳統承接性，但西方文化造成的調和性緊張和根本性緊張不容忽視。

這並不是說張灝只是沉浸在傳統思想發展的內部。如張灝認爲，思想史研究有兩種路徑，一種就是觀念發展式的。主要是探究觀念如何在不同的時代以不同的面貌出現，觀念間的衍生與邏輯關係，與其他觀念的緊張性和激盪性。另一種則是把其思想放回時代脈絡，時代的刺激和生命的感受，如何在思想上作自覺的反應。他對譚嗣同的研究就是採用的第二種方式。即他的《烈士精神與批判意識：譚嗣同思想的分析》一書。

張灝認爲譚嗣同生活在近代中國文化的轉型時代，但他沒有直接介入當時的思想界的論爭。若以今天的「民族主義」、「現代化」、「文化認同」等流行觀念去理解他也會隔靴搔癢。也就是說，張灝不同意康梁強調的譚嗣同受今文經學的影響，也反對用韋伯、李文孫（列文森）的研究方法理解他。他不同意李文孫認爲的傳統在理性上沒有吸引力的說法。要理解譚嗣同的思想，就必須先分析他的性格、身世和環境。張灝從儒家思想、先秦諸子學的復活和大乘佛學三個方面進行了論證傳統思想內部的轉化。

張灝分析了譚嗣同《仁學》的思想。他認爲這一思想源頭是張載和王夫之，康有爲只是助緣。譚嗣同此時已經受到各種儒家思想之外的影響，仁的

〔註 16〕西學動搖了「華夏文化中心主義」，它如同一面鏡子，中國知識分子窺見了「他者」眼中的「自我」，這種「鏡象」關係導致了文化焦慮和文化危機心態。（孟繁華：《游牧的文學時代》，作家出版社，2009 年，第 19 頁。）

〔註 17〕杜維明認爲：「張氏集中探討這一轉型期中四位主要的思想人物的倫理──宗教世界觀，對於理解儒家道德──精神秩序的崩壞，以及中國知識分子爲重創新的整體觀，填補這個真空而奮鬥，尤具說服力。」（杜維明：《道學政：論儒家知識分子》，上海人民出版社，2000 年，第 168 頁。）

〔註 18〕張灝：《危機中的中國知識分子──尋求秩序與意義》，新星出版社，2006 年，第 211 頁。

道德理想精神仍在，但與傳統儒家有了距離，受到基督教和佛教的影響。總之，譚嗣同的世界意識、唯心傾向和超越心態融合成的烈士精神是對他所處的生命處境和歷史處境的回應。

三、內外互動

華裔學者不僅受到西方文化的影響，也深受中國傳統整體文化觀的薰陶，在儒學文化解釋上，更注重互動分析。如余英時對朱熹的研究就是如此。

余英時在早年的《東漢生死觀》中已經開始指出，研究民間思想必須將思想史與社會史相結合，因爲民間思想與正式思想是雙向交流的。對觀念的研究要超越純思想領域，這顯然受到了洛夫喬伊《存在的巨鏈》一書的影響。

《朱熹的歷史世界》是余英時晚年的力作，突出的顯現出互動解釋研究的魅力。他通過對宋代政治文化史進行的綜合研究，展示出這種解釋模式在儒家政治文化領域的巨大影響力。〔註 19〕此書重心是以宋代新儒學爲中心的

〔註19〕我們認爲余英時此著開創了現代史學和新文化史結合的新方向。余英時在《自序二》表示了對後現代思潮的反應，暗示出他多少受到影響。天心認爲余英時此書與儒學研究新範式有關。一是如何把握儒學的知識形態這樣一個前提性的問題，即應該從政治批判和建設、文化認同、身心安頓這些文化功能入手。二是研究方法的問題。既然儒學不是一個純粹的知識系統，用余英時自己的話說，即使叫知識，也是屬於普特南說的所謂實踐性知識，它不僅是一種反映，也是一種表達和塑造。（天心：《〈朱熹的歷史世界〉隨評》，陳明，朱漢民主編：《原道》（第 12 輯），北京大學出版社，2005 年，第 277～278 頁）王汎森說：「在那幾章中，作者顯然想實驗一種『新史學』，這種『新史學』有許多特色，此處只能介紹其中兩點：第一是以生活史的材料來析論政治。第二是運用心理史學來探索歷史。」（王汎森：《歷史方法與歷史想像：余英時的〈朱熹的歷史世界〉》，劉東主編：《中國學術》（總第十八輯），商務印書館，2005 年，第 226 頁。）余英時開拓的「新文化史」與西方後現代主義影響中的新文化史不盡相同。如劉述先觀察到的：「有人把他的建構與傅柯（M・Foucault）相比，我覺得兩者之間只有少分相似。除了以權力結構爲研究對象之外，並沒有很多共同的地方，氣味也不相投。」傅柯、尼采採顛覆傳統價值，而余英時相信根據史料可以多少重構出歷史客觀的真相。他遵守傳統的規範，史家的詮釋不能超越史料文本所容許的限度以外。（劉述先：《評余英時〈朱熹的歷史世界——宋代士大夫政治文化的研究〉》，鄭培凱主編：《九州學林》（ 2003・冬季 一卷二期），復旦大學出版社，2004 年，第 328 頁。）在我們看來，不如說余英時開拓了新文化史的另一境界。正如田浩所說：「余先生在北美漢學界越來越佔據主導地位的以社會史方法研究宋代知識分子門徑之外，又另闢一條蹊徑。」（田浩：《評余英時的〈朱熹的歷史世界〉》，《世界哲學》，2004 年，第 4 期。）

文化發展和以改革爲基本取向的政治動態。余英時將全書分爲三個有機部分。緒說從政治文化角度，系統全面地檢討了道學（理學）的起源、形成、演變及性質。上篇分析了宋代政治文化的構造與形態。下篇則解釋了朱熹時代的理學士大夫集團與權力世界的複雜關係。就三者關係而言，上編爲朱熹的歷史世界提供背景，下編集中於朱熹歷史世界的核心區。緒說是反思貫穿在士大夫中間的政治文化和理學的關係。

余英時說的「政治文化」是指：「大致指政治思維的方式和政治行動的風格。」〔註20〕此外「兼指政治與文化兩個互相而又相關的活動領域」。〔註21〕他解釋說，政治史處理權力結構和實際運作。文化史涉及時代的種種觀念和理想，但應和實際生活相聯繫。基於上述考慮，他所討論的兩個重點：一是士大夫和皇權、官僚系統之間的關係，二是宋代儒學復興及其演變。當然是兩者的結合，也就是儒家理想在政治領域中的積極和消極作用。

對於「道學」、「道統」與「政治文化」的研究。余英時反對現在哲學史的研究方式，即以歐洲哲學爲標準，將「道學」從儒學中抽離，再將「道體」從「道學」中抽離，如果我們承認「道學」是「內聖外王之學」，則其內涵顯然比「道體」更廣。〔註22〕余英時解釋說「道統」時代「最顯著的特徵爲內聖與外王合而爲一。」〔註23〕因此，朱熹劃分「道統」的動機在於「約束君

〔註20〕余英時：《朱熹的歷史世界——宋代士大夫政治文化的研究》，三聯書店，2004年，第5頁。

〔註21〕同上，第6頁。

〔註22〕金春峰認爲余英時在此反對的是牟宗三的學說。（金春峰：《內聖外王的一體兩面》，鄭培凱主編：《九州學林》（2004冬季2卷4期 總第6期），復旦大學出版社，2005年，第300頁。）牟宗三的「大敘述」是在當時時代情境和儒學面臨的挑戰提出來的，是時代的產物，爲儒學掙得地位。葛兆光認爲：「把思想抽象爲哲學，再把哲學變成懸浮在政治和生活之上的邏輯，這樣的做法我一直不贊成；而將思想放回歷史語境中，重新建立思想的背景，這樣的做法我始終很認同。」當然，他也承認：「確實，過去的哲學史或者理學史研究中，有一種發掘精神資源和思想傳統、爲當代重新樹立「統緒」的意圖。」（葛兆光：《拆了門檻就無內無外——讀余英時先生〈朱熹的歷史世界〉及其評論》，葛兆光：《.古代中國的歷史、思想與宗教》，北京師範大學出版社，2006年，第158頁。）對於「抽離」說，劉述先辯解說：「凡學問不可能不作某種程度的「抽象」（abstracdon），沒有抽象就沒有學問。」當然，歷史的抽象要對付的是文化與風格、形式的問題。（劉述先：《評余英時〈朱熹的歷史世界——宋代士大夫政治文化的研究〉》，鄭培凱主編：《九州學林》（2003·冬季 一卷二期），復旦大學出版社，2004年，第319頁。）

〔註23〕余英時：《朱熹的歷史世界——宋代士大夫政治文化的研究》，三聯書店，2004

權」。〔註24〕這是從政治角度入手的解釋。

不但「道統」，就是「道學」也有深刻的政治含義。余英時以《中庸序》、《答陳同甫》進行了分析。他認爲朱熹「道學」的目的是「用『道』來範圍『勢』。」〔註25〕這裏，以「道」批「勢」是消極作用，而朱熹和宋代理學家更多追求的是引「勢」入「道」。那麼，朱熹又是如何規範「道體」與其他二者的關係呢？首先宋代理學家認識的「道體」是一個永恆而普遍的精神實在。目的爲天地萬物提供秩序，「道統」是對「道體」的整理，孔子的「道學」是繼「道統」而後起。到了宋代，君主只有掌握了道學家重新解釋的「道體」，才能獲得「道」，也就是合法性。這就是理學家們所謂的「致君行道」。朱、陸對於「道體」的理解不同，但在「致君行道」上是殊途同歸。

關於「道體」、「道統」的信仰，余英時認爲，在宋代理學家那裏是眞實的預設。接著，他進一步解釋爲什麼理學家要相信「道統」的預設呢？在分析了陳榮捷的解釋後，余英時認爲這種哲學史的解釋對朱熹的「道統」很難完全成立。對於朱熹及宋代理學家，目的是「一方面運用上古『道統』的示範作用以約束後世的『驕君』，另一方面則憑藉孔子以下『道學』的精神權威以提高士大夫的政治地位。」〔註26〕

對於道學與宋代士大夫的政治文化的關係。首先，余英時將道學看作儒學的組成部分，因爲只有將道學作爲儒學整體的一部分，才能凸顯其意義。余英時認爲古文運動、改革運動和道學，他們的共同目標就是「儒家要求重建一個合理的人間秩序。」〔註27〕他進一步解釋說，若從儒學整體看，「新學」超越了古文運動，而道學也超越了「新學」。〔註28〕余英時分析了「新學」與道學的關係。在重建秩序和行動取向這兩項上「新學」與道學是一致的，而

年，第 15 頁。

〔註24〕余英時認爲宋代士人的君權觀並未激進到忽略了君主的樞紐地位，故始終未曾放棄「得君」是「行道」之前提的想法，但同時也想對君權有所約束，認爲「君」必需要得相治國，而君臣之間也逐漸發展出類似契約式的關係。（王汎森：《歷史方法與歷史想像：余英時的〈朱熹的歷史世界〉》，劉東主編：《中國學術》（總第十八輯），商務印書館，2005 年，第 220 頁。）

〔註25〕余英時：《朱熹的歷史世界——宋代士大夫政治文化的研究》，三聯書店，2004 年，第 23 頁。

〔註26〕同上，第 35 頁。

〔註27〕同上，第 45 頁。

〔註28〕同上，第 46 頁。

在「內聖」、「外王」的關係上是有分歧。尤其對內聖之學，二者有著根本分歧。王安石的「新學」已經進入內聖，並在「內聖」與「外王」之間建立起聯繫，對初期道學有重要影響，不能將王安石與道學家的關係理解爲純粹的政治性的。余英時論證了道學的發展是在與「新學」鬥爭中定型的，也就是儒學從「外王」轉入後期「外王」與「內聖」並重的階段，其中王安石是關鍵人物。無論二者如何對立，但都是在同一政治文化的框架之內的。

道學興起，一直以來都與「繼韓」、「闢佛」相聯繫。但余英時卻認爲，道學家們並沒有直接發現韓愈，換句話說，這個「韓愈」的形象已經被前人或同時代的人重構過了。這樣，他重新解釋了佛教和道學的起源的關係。在余英時看來，佛教大師在北宋是入世的，爲儒學的復興做出了貢獻。他進一步解釋說，「出世」、「入世」其實都是表面的爭論，關鍵在於誰的「道」是重建秩序的最後依據。

余英時以智圓、契嵩爲例論證了佛教的新動向：「重視世間法，關懷人間秩序的重建。」〔註29〕他們將《中庸》作爲溝通儒、釋的橋樑，也意味著《中庸》是從佛教裏面回流到儒家。余英時詳細論證了這個觀點，因爲這關係到他最基本的論點：道學的興起是當時儒、釋互動的結果。那些「返之六經而後得之」或「讀孟子而自得之」都是神話。〔註30〕他以儒家研究《中庸》「內聖」涵義是受到智圓、契嵩影響的胡瑗爲例進行了論證。他還從語言結構上論述契嵩和朱熹對於「中」的理解的相似性。他在此只是要說明士大夫化的僧人開創的「談辯境域」（「discourse」）被儒家接受得以發展這一事實。

余英時「發現」了法度化的「國是」這一個新因素。「國是」在宋代最早出現於司馬光與宋神宗的辯論之中。宋神宗引用孫叔敖的故事，意在說明皇

〔註29〕 余英時：《朱熹的歷史世界——宋代士大夫政治文化的研究》，三聯書店，2004年，第82頁。

〔註30〕 劉述先不同意余英時的「神話」說。他認爲，學界早就注意到「宋儒之重視《中庸》，最早只能追溯到胡瑗。宋儒對孟子特別尊崇也並不限於道學家」。如周予同與其徒從早就有宋代「孟子升格」的說法，並指出王安石父子的提倡，曾經發生了重大的影響力。但劉述先強調說，二程的「天理」說與佛教是「因」和「緣」的關係。如果沒有二氏的刺激，是決不會有宋明理學的。也就是，閱讀古典反覆咀嚼最後終於得到自己中心的體證有異於二氏則不是神話。（劉述先：《評余英時〈朱熹的歷史世界——宋代士大夫政治文化的研究〉》，鄭培凱主編：《九州學林》（2003·冬季一卷二期），復旦大學出版社，2004年，第318頁。）

帝才是變法的政治原動力，而士大夫只是思想原動力，但此時士大夫革新與守舊激烈辯爭，只有先「定國是」，才能平息士大夫的爭論。但同時，也反映出宋神宗接受了「與士大夫共定國是」的基本原則。司馬光也是建立在「共定國是」的基礎上與宋神宗激烈辯論的。

余英時以蔡確的「國是方定」阻止神宗啓用司馬光爲例，說明了「國是」的制度化及其政治功能。他們的激烈反對主要是怕「國是」改變，也會導致他們相位不保。也就是說，「國是」對君主和士大夫都有約束力。元祐的「國是」也是宣仁皇后與士大夫共定的。後來的宋哲宗和宰相也費力製造出「紹述」國是來反擊的。這都證明「國是」作爲皇帝和士大夫訂立的「契約」，爲君權和相權提供合法性，皇帝無法單方面毀約。

余英時進一步觀察了南宋「國是」的演變。首先是金人的入侵導致「紹述」解體，宋高宗爲了政權的合法性，推重宣仁和元祐政治，形成兩派之爭。此時的「國是」與北宋不同，成爲普遍意義，如李綱在北宋是反「紹述」的，到了南宋，首先提出「國是」的也是他。接著余英時又分析了宋高宗和秦檜爲把「和議」提升爲「國是」的做法，進一步論證了「國是」合法性的來源還是士大夫和皇帝，儘管此時的「國是」目的指向了權力和職位。最後，余英時對朱熹與「國是」的關係進行了考證。由於宋孝宗一方面要「銳意恢復」，一面有太上皇和士大夫要求的「和議」，因此舉棋不定。也引發了士大夫們「早定國是」的呼籲。余英時分析了朱熹的《與陳侍郎（俊卿）書》中集中討論「國是」的部分。朱熹嚴厲批評了「國是」，因爲他已看透了「國是」的理想落在權力世界的必然結局。朱熹父子也是因「國是」問題受到牽連。因此，余英時認爲「在朱熹的歷史世界中，『國是』佔據了一個樞紐的地位。」〔註31〕

歷史世界的組成是理想和現實的交織。余英時通過對宋初儒學的特徵及其傳衍來證明儒學在秩序重建中的作用。他還深入考察了宋初儒學的起源，重點在於「推明治道」。這些理想成爲王安石和宋神宗變法的推動力。胡瑗的思想經李覯對王安石的思想和行動都產生重要影響。余英時進而指出，朱熹時代正是在秩序重建意義上才能被稱爲「後王安石時代」。

宋代士大夫的政治功能得到最大的發揮，但還必須解釋爲什麼黨爭和文

〔註31〕余英時：《朱熹的歷史世界——宋代士大夫政治文化的研究》，三聯書店，2004年，第 289 頁。

字獄凸現的事實。余英時解釋說，這兩個現象與漢、唐、明、清針對宦官或皇權不同，即「二者同源於士階層的內部的分化和衝突。」〔註 32〕余英時首先以呂夷簡、范仲淹的黨爭來區別牛、李黨爭的不同，動力來源於內部。接著他對「國是」法度化的黨爭新形態進行了分析。在宏觀分析從熙寧到紹興黨爭的基本形態後，開始重點解釋朱熹時代的黨爭。這其中，朱熹和「道學」都是中心。在反「道學」背後隱藏著一場廣泛的「黨爭」。〔註 33〕在余英時看來，反「道學」者基本是職業官僚型的士大夫，朱熹及「道學」型士大夫則是北宋新儒學的繼承者。二者的區別在於職業官僚型士大夫看重自己的得失，「道學」型則關心「治道」和理想秩序的重建。

在宏觀解說後，余英時以王淮執政進行了微觀分析，他主要目的在於回答為什麼黨爭激化發生在孝宗晚期。為此，余英時從宋孝宗心理變化和王淮個人特質兩個方面加以解釋。孝宗晚年由立志「恢復」變成無為而治，這一轉使得職業官僚士大夫獲得發展。王淮以孝宗心理為根據，顯示出超越黨見的氣度。但王淮執政確是南宋黨爭史的新階段，「道學」變成「朋黨」。〔註 34〕余英時從王淮和朱熹的關係入手進行了詳細論述。在此，他不贊同僅僅從個人恩怨來解釋，更注重宏觀背景中得出結論。王淮入相奉行的「國是」是高宗修正後的「和議」，他推薦朱熹，余英時解釋為一是兌現自己不存黨見的綱領，二是將朱熹擋在權力之外。因而，朱熹到任後也備受牽制。余英時將這些矛盾更多歸結為理學型士大夫和官僚型士大夫的不同所致，並非僅僅個人恩怨。

最後，余英時以朱熹時代為重點分析了兩宋黨爭的特色。他認為朱熹的《與留丞相（正）書》是在歐陽修《朋黨論》後最有突破的文字。朱熹充分肯定了「黨」的政治功能的積極作用，因為「他已看出『黨』是士大夫內部分化的必然歸趨」。〔註 35〕至於士大夫遭受政治和思想的迫害，則基本上是士大夫的「自相傾軋」，也就是迫害失敗士大夫的是宰相而不是皇帝，而儒家文化浸潤下的皇帝往往成為緩和甚至保護作用，這也就可以解釋為什麼宋代儘管黨爭不斷，而失敗士大夫仍有相對自由。

〔註 32〕余英時：《朱熹的歷史世界——宋代士大夫政治文化的研究》，三聯書店，2004年，第 317 頁。
〔註 33〕同上，第 336 頁。
〔註 34〕同上，第 373 頁。
〔註 35〕同上，第 377 頁。

　　在下編，余英時開拓新文化史典範更多體現在他對宋孝宗未能實現的政治革新運動的「發現」，即他所說的「遺失的環節」。在這個過程中，余英時集中探究了孝宗、光宗的皇權分裂導致外廷理學集團和官僚集團的論爭。此時的孝、光兩帝不再是舞臺的「配景」，而成為主角。為了深入瞭解孝、光父子的心理衝突，余英時引入心理分析來說明問題。〔註36〕余英時認為，皇權始在權力世界是決定性因素。余英時對宋孝宗在高宗去世後的三部曲：「三年之喪」、「太子參決」、「內禪」，運用心理和史學分析解釋了這些行為與政治上的關係。

　　儒學不僅屬於哲學史和思想史，這是學界的共識。既然如此，對於它的研究，則需要從內在、外在和內外互動各個視角進行研究。所進行的歷史解釋也僅是馬克斯・韋伯所說的「理想型」。這些解釋的有效度，則需要結合史家的史識和時間的檢驗等綜合型的因素。

〔註36〕葛兆光認為余英時用了他自己討論過的科林伍德的想法。（葛兆光：《拆了門檻就無內無外──讀余英時先生〈朱熹的歷史世界〉及其評論》，《古代中國的歷史、思想與宗教》，北京師範大學出版社，2006年，第155頁。）